Christian Studer

HIMMUCHRIGELI

CHRISTIAN STUDER

HIMMUCHRIGELI

Erzählung meiner Familiengeschichte,
mit Originalprotokollen der Fürsorge-
& Vormundschaftsbehörden
und meine Meinung dazu

Schweizer Literaturgesellschaft

Die Deutsche Nationalbibliothek verzeichnet diese Publikation in der Deutschen Nationalbibliografie; detaillierte bibliografische Daten sind im Internet über dnb.dnb.de abrufbar. Die Schweizerische Nationalbibliothek (NB) verzeichnet aufgenommene Bücher unter Helveticat.ch und die Österreichische Nationalbibliothek (ÖNB) unter onb.ac.at.

Unsere Bücher werden in namhaften Bibliotheken aufgenommen, darunter an den Universitätsbibliotheken Harvard, Oxford und Princeton.

Christian Studer:
HIMMUCHRIGELI
ISBN: 978-3-03883-108-2

Buchsatz: Danny Lee Lewis, Berlin: dannyleelewis@gmail.com

Schweizer Literaturgesellschaft ist ein Imprint der
Europäische Verlagsgesellschaften GmbH
Erscheinungsort: Zug

Sie finden uns im Internet unter: www.Literaturgesellschaft.ch

Warum verdingt?

Auf folgenden Seiten bekommen die Leser/innen Antwort, warum ich zum Verdingbuben wurde. Eine wahre und tatsächliche Abhandlung von unserer Familie. Ich nehme Rücksicht und will niemandem damit Schaden zufügen. Sollte ich trotzdem jemanden nicht gewollt treffen, möchte ich mich hier für diesen Ausrutscher in aller Form entschuldigen.

Dieses Buch widme ich folgenden wertvollen Personen:

Frau Margrit Hildtbrand, für sie war ich 1960–62 der
Himmuchrigeli
Darum dieser Titel für mein Buch.

Helen und Christian Pauli-Geiser
Die Wegweiser für eine bessere Zukunft, 1962.

Herrn Fritz Grossniklaus
Bellinzona TI, 1967

Gottfried und Martha Lehnherr-Näf
Eltern von meiner Frau Margrith, 1970.

Meinem ehemaligen Arbeitgeber
Herrn Fritz Langenegger
für seine Grosszügigkeit, 1980.

Meinem ehemaligen Vorgesetzten
Walter Trösch-Langenegger
Kameraden und Förderer

Alle haben in meinem Leben einen ganz speziellen Platz und mir in entscheidenden Momenten im Leben die Weiche in die richtige Richtung gestellt.

EIN WEG BRAUCHT KEIN WOHIN,
ES GENÜGT EIN WOHER.

Ernst Barlach

Einleitung

Warum konnte ich mich nach vielen Jahren entschliessen, ein Buch über meine Zeit zu schreiben? Diese Frage wird sich beim Lesen selbst erklären, und ich hoffe auf Verständnis, dass bei allem, was mir an Unrecht angetan wurde, trotzdem kein Opfergefühl aufkommt.

Es geht hier nicht darum, meinen Eltern, Geschwistern und den Nachkommen meiner Pflegeeltern mit Familien eines auszuwischen, oder Böses zu wollen. Vielmehr möchte ich zeigen, was effektiv in meinen jungen Jahren dazu beigetragen hat, dass ich verdingt wurde und was ich ertragen musste. Viel schlimmer ist der Umstand, dass gewisse ehemalige Weggefährten und Nachkommen meiner Pflegeeltern mir noch heute, 62 Jahre später, wegen meiner Verdingt- und Jugendzeit zu verstehen geben, was sie von mir halten und ich halt ein *Fotzuhund* war.

Dieses Buch wird über das damalige Leben unserer Familie einen Einblick geben, dabei auch aufzeigen, dass es nicht immer nur an den Fürsorge- oder Vormundschaftskommissionen lag, dass es mit dem damaligen Sozialsystem oft zu grossen Ungerechtigkeiten gekommen war. Leider wird heute genau der gleiche Fehler wiederholt und die jetzigen Organisationen meinen, alles im Griff zu haben. Wenn die Armut zum Kult gehört und Dreck gesellschaftsfähig wird, die Arbeit verpönt und als unmenschlich deklariert wird. Wenn Reglemente, Vorschriften dem Zufall bzw. der Eigenverantwortung unterstellt und von den Behörden nicht durchgesetzt werden.

Noch etwas zum Inhalt vom Buch – jede Armutsbekämpfung in einer Familie beginnt mit dem Einverständnis der betroffenen Familie – des Familienoberhaupts. Oder es liegt eine kriminelle Handlung vor – in meinem Fall war es das fehlende Einkommen und weitere Faktoren, die zum harten Eingreifen der Armenbehörden führten. Die Protokolle wurden übrigens wörtlich übernommen, anschliessend lesen Sie meine Meinung zum damaligen Umgang mit mir und was die Behörden damit erreicht haben und was meine Funktion in dieser Zeit war. Hart und oft gefühllos, wenig Licht am Horizont, aber mein Wille, es einmal besser zu machen, ging einige Jahre später durch Hilfe von wertvollen Personen in Erfüllung. Darum mein Ausspruch »Ohne den andern geht's nicht, es braucht alle im Umfeld.«

WIR SCHREIBEN DAS JAHR 1955, d. h. genau 8 Jahre nach meiner Geburt und was in dieser Zeit bereits passiert war, lässt sich erahnen?

Warum verdingt?
Ich wuchs mit meinen sechs Geschwistern in Steffisburg BE auf, und wir hatten in den ersten vier bis sechs Jahren eigentlich eine schöne Zeit zusammen. Wir waren Kinder, und uns stand alles offen, wir nutzten die Freiheiten, die uns geb oten wurden, voll aus. Unser Vater hatte sich immer vorgestellt, dass er einmal, nachdem die Schwiegereltern gestorben wären, den kleinen Landwirtschaftsbetrieb übernehmen könne.

Lebensabschnitte

Nach dem Ableben der Grosseltern: (Eltern der Mutter)
Da war die Situation in unserer Familie um einiges schwieriger, die Mutter wurde durch diese Ereignisse von der Pflege und weiteren Aufgaben entlastet. Aber das war eben nur die halbe Wahrheit und wäre eine zu schöne gewesen.

Der Erbgang brachte eine Wende:
Auf einmal kam der Zwillingsbruder Karl wieder in Frage, den Hof zu übernehmen, was eigentlich logisch erschien, aber nach ein, zwei Jahren zur Katastrophe führen musste. Warum?

Der Alkohol und das Fernbleiben:
Karl war vor dem Zurückkommen auf den Hof in der Privatwirtschaft in guter Stellung angestellt und hatte diese einfach wegen dem elterlichen Betrieb aufgegeben. Er war ganz einfach kein Bauer, unser Vater war sehr enttäuscht und hat den Schwager auf einmal gemieden und ihm nur in äussersten Fällen bei der Arbeit geholfen. Je länger die Situation ging, desto mehr haben Karl und auch unser Vater mit dem Alkohol ein Problem bekommen und so wurde diese Krankheit zum Problem unserer Familie. Ein Bauer, der am Abend nicht zum Melken heimkommt, hat verloren. Ein Vater von fünf Kindern, wenn dieser am Abend auch nicht zur Familie zurückkommt, hat genauso verloren.

Hier beginnt meine Situation oder mein Schicksal
Die Mutter hatte weiterhin zwei Haushalte zu versorgen; den ihres ledigen Bruders und die eigene Familie mit fünf Kindern und war bereits zum sechsten Kind schwanger. Kinder, Küche, Kochen, Stall und Melker suchen usw.

Es folgen alle Sitzungen der Fürsorgekommission in Steffisburg kommentiert:

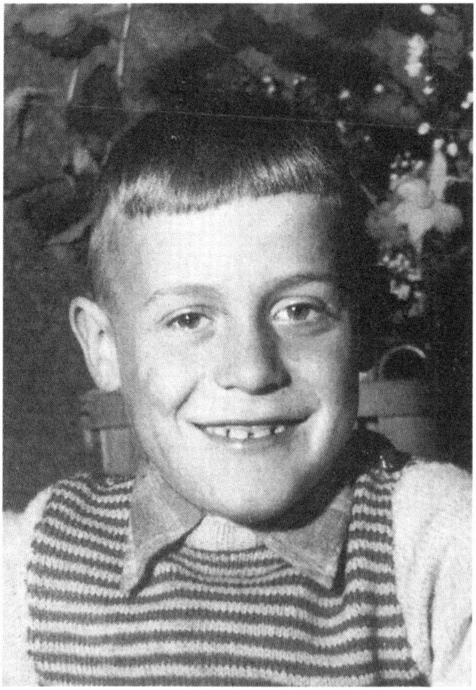

1. Klasse, im Kirchbühl, Steffisburg BE

START VOM EINGRIFF DER BEHÖRDEN IM SEPTEMBER 1955

Protokoll:

13/01. 30.09.1955 Studer-Frei Albert, 1908, von Zäziwil, Rüti, Steffisburg. Frl. Stucker, Fürsorgerin rapportiert über die schlimmen häuslichen Zustände in der Familie Studer. Aus unserem Depot wurden Leintücher und Anzüge für Kissen und Duvet abgegeben. Es fehlt der Familie auch an Betten. Das Schweiz. Rote Kreuz wird ein Kinderbett abgeben. Es müssen aber noch weitere Betten gekauft werden, damit die Familie mehr Schlafstätten zur Verfügung hat. Es muss aber nachher eine viel strengere Kontrolle durchgeführt werden. Eine Auflösung der Familie kommt im Moment nicht in Frage.

Aus der Mitte der Kommission wird den vorgesehen Hilfsmassnahmen beigepflichtet jedoch unter der Bedingung, dass die Eheleute Studer verwarnt werden.

Die Wegnahme der Kinder muss den Leuten in Aussicht gestellt werden, wenn in Zukunft nicht bessere Ordnung herrscht.

Die Kommission stimmt den vorgesehenen Bettenbeschaffung zu.–

Die Kommission bestätigt den Kauf und stimmte der Beschaffung der Betten zu.

MEIN KOMMENTAR: Konsequenzen hatte diese Intervention aber trotzdem: Unsere Eltern wurden verwarnt, und es wurde bereits die Wegnahme der Kinder in Aussicht gestellt. Bereits hier hätte doch bei unseren Eltern im Kopf

Auf der Alp Hohmad, ob Blumenstein BE, bei Heiri Reusser, damals Homberg, auf dem Bild: Hans Schiffmann, Amsoldingen

etwas passieren sollen! Eine Richtungsänderung und die Frage: Wohin führt dieses Verhalten? Aber unsere Mutter war zu diesem Zeitpunkt bereits wieder im sechsten Monat schwanger.

Protokoll:
02/02. 21.10.1955 Studer-Frei Albert, 1908, von Zäziwil, Haldenweg, Steffisburg. Der Kommissionssekretär berichtet über die Möbelanschaffung für die Familie Studer. Es konnten nun 3 Betten, 1 Schrank, und 4 Stühle zum Preis von Fr. 814.- gekauft werden. Albert Studer hat ratenweise Rückerstattungen zugesichert.

Die Kommission genehmigt den getätigten Möbelankauf. Aus der Mitte der Kommission wird beantragt, dem Albert Studer den Auftrag zu erteilen, den Hund innert 14 Tagen zu verkaufen. Die Kommission unterstützt diesen Antrag.-

MEIN KOMMENTAR: Unser Vater ohne Hund? Hier glaubten diese Leute noch immer an den Samichlaus, lieber noch grad ein paar Welpen - *kleine Hundeli* - mehr dazu, so nahm die Zeit ihren Lauf. Der Hund wurde vom Vater nicht weggeben, warum auch.

Protokoll:
14/03. 23.12.1955 Studer-Frei Albert, Haldenweg, Steffisburg. Frl. Stucker berichtet, dass alle bisherigen Bemühungen für die Verbesserung der häuslichen Verhältnisse in der Familie Studer ohne Erfolg waren. Frl. Stucker beantragt, noch einen Versuch mit einer Haushaltshilfe zu machen. Es

sollte für 3 bis 4 Monate eine tüchtige Hilfe angestellt werden, die der Frau Studer hilft, den Haushalt in Ordnung zu bringen. Sollte diese Hilfe auch nicht den erhofften Erfolg zeigen, müsste die Behörden zu schärferen Massnahmen schreiten.

MEIN KOMMENTAR: Weihnachtszeit, *Päcklizeit*. Heute ist der 07. Februar 2019, da ich diese Protokolle genauer durchlese und mir meine Gedanken dazu bilde. Wie war es damals abgelaufen? Ich weiss noch heute, wie wir gewohnt und unter was für schwierigen Verhältnissen wir damals gelebt und gelitten haben. Aber auch mit was für Vorurteilen wir belastet wurden, wie z. B. dass der Brillenträger oder vornehm und gut bekleidete Personen mit roten Schuhen usw. schlechte Leute waren, und diese wurden von uns gehasst, weil wir hinter ihnen Behördenmitglieder und Gemeindefunktionäre sahen, und diese waren nicht gut für unsere Eltern. Diese Leute brachten uns in diese schwierige Situation, unsere Eltern doch nicht. – Kinderlogik!

Protokoll:
18/04. 20.01.1956 Studer-Frei Albert, 1908, von Zäziwil, Haldenweg. Frl. Stucker, Fürsorgerin berichtet, dass Frl. H. S. am 11. Jan. 1956 die Arbeit aufgenommen hat. Vor 3 Tagen hat Frau Studer das Kind Marianne geboren. Die Familie benötigt noch dringend 3 Wolldecken, welche bestellt worden sind. Für die Kinder muss noch Wäsche angeschafft werden.
Die Kommission nimmt Kenntnis vom Bericht der Fürsorgerin.-

MEIN KOMMENTAR: Hoppla: H. S. ist unsere Cousine, also eine nahe Verwandte von uns und wohnt ebenfalls in Steffisburg; soll das gut kommen? Brillenträgerin! Wird von der Behörde zu uns geschickt, kontrolliert und befiehlt uns, was wir zu tun haben oder nicht. Unsere Familienleiterin, meine älteste Schwester, hat den strategischen Plan bereits gemacht, und H. S. lief uns Kindern voll ins Messer, zum Leidwesen unserer Mutter. Für H. wurde der Einsatz bei uns zur *schmerzhaften und tragischen Erfahrung*, wir waren zu diesem Zeitpunkt verwildert. *Schlimm!*

Protokoll:
20/05. 02.03.1956 Studer-Frei Albert, 1908, von Zäziwil, Hilfsarbeiter, Rüti: Frl. Stucker berichtet über die jetzigen Familienverhältnisse. Die Haushaltshilfe Frl. S., Rüti, war nun ca. 2 Monate mit einigen Unterbrüchen in diesem Haushalt tätig gewesen. Es sieht im Haushalt jetzt ordentlich aus. Wenn jedoch Frl. S. einige Tage ausgesetzt hat, musste Sie fast wieder von vorne anfangen. Frau Studer-Frei besitzt das nötige Rüstzeug nicht, um die Haushaltungsarbeiten zu lernen.

Das Büro wird die Angelegenheit nochmals mit Studers besprechen und sie aufmerksam machen, dass ihnen die elterliche Gewalt über die Kinder entzogen wird, wenn sie sich nicht besser Mühe geben.

MEIN KOMMENTAR: Hier wurde bereits die Guillotine in Bewegung gesetzt!
Ich wusste damals bereits um diese schwierige Situation. Es ist überhaupt nicht so, dass es unseren Eltern gleich-

gültig war, wie es mit uns Kindern weitergehen sollte. Nur dazu an einem Rezept oder einer positiven Veränderung zu arbeiten, waren beide nicht mehr in der Lage. Die Mutter, die komplett mit ihren alten Eltern, dem Bruder Karl und der eigenen Familie überfordert war, zusätzlich der Vater mit seinem Alkoholproblem und der stetigen Angst, dass es eigentlich keinen Ausweg mehr gab und ihnen die Kinder weggenommen werden würden. Hier mussten die Eltern dann die Verantwortung abgeben, die Behörden übernahmen die Oberhand. Das war zugleich die Kehrtwende, so dass es für uns die Behörden waren, die uns diese schwierige Situation eingebrockt hatten, und unser Vater wurde zum Saubermann hochstilisiert. Eine für mich jahrelange Lüge – unsere Eltern waren sich der Tragweite nicht bewusst gewesen, weil sie in dieser Situation immer noch Kinder auf die Welt gestellt hatten. Unsere Schwester Käthi organisierte: Wenn ein Auto, Fahrrad mit dunkel oder grau gekleideten Leuten beim *Högerli* vorn, *so heisst der Wegabschnitt, wo der Haldenweg in den Rüttiweg und Kapellenweg einmündet*, auftauchte, pfiff sie wie ein Murmeltier und alle verschwanden auf der Heubühne entlang der Brandmauer tief unter dem Heustock in unserem Versteck, und niemand fand uns. Wir waren wie vom Erdboden verschwunden. Zum Leidwesen der Mutter, die den Behörden nicht sagen konnte, wo sich ihre Kinder aufhielten. Das war sehr tragisch für sie! Käthi sagt heute, dass dieses Verhalten zusätzlich der Mutter geschadet hat, und sie es heute tief bereut. Sie war wie wir ein Kind! Nur, ob dieser Umstand damals so schwer bewertet wurde, bezweifle ich, da waren doch gravierendere Mängel sichtbar gewesen.

Protokoll:
22/06. 25.05.1956 Studer-Frei Albert, 1908, von Zäziwil, Haldenweg, Steffisburg. Hr. Ad. Käser berichtet über den Hausbesuch vom Pfingstmontag. Die Zustände sind furchtbar und es muss irgendeine Lösung gesucht werden. Vor zwei Tagen hat Albert Studer bei Hr. Käser vorgesprochen und erklärt, dass er für eine Versorgung seiner Frau sei. Diese gebe sich absolut keine Mühe, andere Verhältnisse zu schaffen.

Frau Iseli, die am Hausbesuch ebenfalls teilgenommen hat, schildert die Verhältnisse als trostlos. Nach ihrer Ansicht ist auch Herr Albert Studer an den Zuständen schuld. Der Mann hat Angst vor seiner Frau. Er sieht allerdings ein, dass etwas gehen muss.

Hr. Stauffer schlägt eine radikale Lösung vor. Je länger zugewartet wird, desto schlimmer wird es. Es ist nötig, dass in den nächsten Tagen nochmals ein Hausbesuch gemacht wird. Vielleicht ist es bis zur nächsten Sitzung dann möglich, der Kommission einen Antrag zu unterbreiten.

MEIN KOMMENTAR: Hier liegt doch der Schlüssel vom Problem.
Warum so ein Hin und Her; wir wuchsen wie Kaninchen im Hof auf und alle schauten zu. Mein Radius damals kannte keine Grenzen, mit 9 Jahren wanderte ich von zu Hause aus auf den Hartlisberg und zur Riederen und via Flühli wieder heim. Keine Kontrolle, keine Aufgaben – einfach draussen sein und das Leben geniessen. Ich wurde doch nicht gefragt, was ich gemacht habe. Wie ging es jetzt weiter?

Protokoll:
15/07. 15.06.1956 Studer-Frey Albert, 1908, Hilfsarbeiter, Rüti, Steffisburg. Der Ausschuss mit Frau Iseli, Hr. Käser und Frl. Stucker, hat die Wohnungs- und Familienverhältnisse nochmals überprüft. Nach den Berichten von Hr. Käser und Frau Iseli hat es noch nicht gebessert. Frau Studer versteht es einfach nicht, Ordnung in diesen Haushalt zu bringen. Die Kinder sind immer sich selber überlassen, sind schmutzig und haben gar keine Erziehung. An der vom Vorsitzenden eröffneten Umfrage beteiligen sich alle Mitglieder. Es dringt die Auffassung durch, dass Frau Studer für einige Zeit in einer Anstalt zu versorgen sei, damit sie Gelegenheit hat, häusliche Arbeiten zu besorgen. Der Ehemann Studer würde dieser Lösung keine Opposition machen und ist selber der Auffassung, dass etwas gehen sollte. Wenn Frau Studer fortkommt, muss anderseits für eine Haushälterin Umschau gehalten werden, damit der Haushalt aufrecht erhalten bleibt. Unter Umständen sind die Kinder dennoch in einem späteren Zeitpunkt zu placieren. Frl. Stucker wird Umschau halten für Anstellung einer Haushälterin. Bevor ein def. Beschluss über die Versorgung der Frau gefasst wird, möchten die andere Kommissionsmitglieder die Verhältnisse an Ort und Stelle auch noch mitansehen, so dass an der nächsten Sitzung die Angelegenheit spruchreif sein wird.–

MEIN KOMMENTAR: Eine ungemütliche Situation, immer kürzere Intervalle der Besuche von der Behörde bei uns liessen uns ahnen, dass unsere Familie in dieser Form keine Überlebenschance mehr hatte, und wir voneinander getrennt werden würden. Alle schauten auf uns, was wir taten und oder eben nicht taten. Das Dahinvegetieren hatte kein Ende.

Protokoll:
13/08. 28.09.1956 Studer-Frei Albert, 1908, von Zäziwil, Haldenweg 5. Der Kommissionssekretär berichtet über die Massnahmen seit der letzten Sitzung. Bereits am 1. Sept. 1956 wurde das Kind Marianne, geb. 1956 zur Familie Wegmüller, Homberg placiert. Die anderen Kinder sind noch immer daheim. Es konnten noch keine passende Plätzli gefunden werden. Albert Studer will während den Herbstferien 2 Kinder zu Bekannten placieren. - Es war bis jetzt auch nicht möglich, eine Haushälterin zu finden. Die Bemühungen werden fortgesetzt. Aus der Mitte der Kommission wird beantragt, für rasch Verbesserung der Verhältnisse zu sorgen. Wenn keine Haushälterin gefunden werden kann, so ist die Familie aufzulösen.

Die Kommission nimmt Kenntnis von der Placierung des Kleinkindes Marianne Studer. Für die Pflegekosten von Fr. 4.- pro Tag wird Gutsprache geleistet.-

MEIN KOMMENTAR: Dieser Tag sitzt mir noch heute in den Knochen, wenn ich daran denke, wie unsere jüngste Schwester Marianne von den Behördemitgliedern aus dem Haus und ins Auto getragen wurde. Meiner Schwester Käthi wurde ihr Bebe gestohlen, sie schrie fürchterlich und lief davon und verschwand spurlos in der Gegend. Wohin sie gegangen war, weiss ich heute noch nicht. Käthi stand damals unter Schock, und dieser Augenblick kommt ihr noch heute bei jeder Gemütsschwankung in den Sinn. Wir wussten, dass die Stunde der Wahrheit näher rückte und uns sicher nur noch wenig Zeit zur Verfügung stand, in dieser Konstellation zusammen zu sein.

Protokoll:
19/09. 26.10.1956 Studer-Frei Albert, 1908, von Zäziwil, Haldenweg, Steffisburg. Frau R. Schmutz teilt mit, dass sie mit Hr. Fritz Küng am 25. Okt. 1956 einen unangemeldeten Besuch bei Familie Studer gemacht habe. Sie habe keine grosse Veränderung festgestellt. Einzig in der hinteren Stube sei der Boden gefegt worden, wobei allerdings noch grosse Wasserlachen vorhanden waren. Frau Schmutz beantragt nicht zu ruhn, bis in der Familie andere Verhältnisse herrschen.

MEIN KOMMENTAR: Auch diese Wasserlachen waren mir bekannt, denn die Böden in den Stuben und auch in der Küche oder im Gang waren alle alt und ausgetreten, nur die Äste in den Brettern haben der Beanspruchung in den Jahren standgehalten. Die Aufgaben für unsere Mutter wurden durch die Situation und die wöchentlichen Kontrollgänge der Behördemitglieder noch um einiges schwieriger. Sie kam sich auf einmal nutzlos vor und wurde schwerfällig, depressiv, ausgelaugt und hatte keinen Mut mehr, die Familie wurde ihr immer mehr zur Last.

Protokoll:
15/10. 30.11.1956 Studer-Frei Albert, 1908, von Zäziwil, Haldenweg 5. Frl. Stucker berichtet über die weiteren Verhandlungen mit Familie Studer. Albert Studer hat verschie-

dene Adressen gebracht wo event. die Kinder placiert werden könnten. Weiter hat Studer berichtet, dass seine Frau vermehrt epileptische Anfälle hatte. Eine Änderung der Verhältnisse drängt sich auch in Bezug auf die Gesundheit der Frau auf.– Das Büro wird über die in Aussicht genommenen Pflegeplätze Auskünfte einholen.-

MEIN KOMMENTAR: In diese Zeit fiel die Grobanhörung von uns Kindern auf den Pflegeplatzwunsch hin. Ich kann mich erinnern an diese Selektionsanhörung: Wer? – Wohin? – Vorstellung vom Pflegeplatz? U. a. meine Frage an Hans Ulrich: »Wo willst du hin?« »Ich möchte ins Kinderheim *Gumm* in Steffisburg«, diesem Wunsch wurde entsprochen. Der Vater sagte, dass die drei Mädchen Käthi, Elisabeth und Vreni zusammen in einen Pflegeplatz ziehen müssten; dieser stand zu diesem Zeitpunkt noch nicht fest. »Wo willst du, Christian, hingehen?«, fragt mich der Fürsorger. »Ich will zu einem Bauern – mir war es immer am wohlsten, wenn ich etwas machen konnte.«

»Ja – dann suchen wir für dich einen geeigneten Pflegeplatz auf einem Bauernhof.« Die jüngste Schwester Marianne hatte bereits als Bebe keinen guten Start, denn für sie wurde bereits wenige Wochen später ein neuer Pflegeplatz gesucht. Dieser Platzwechsel hat mir der Vater später einmal erzählt, über das Warum wurde nie gesprochen. Weitere Pflegeplätze wurden für uns gesucht!

Protokoll:
09/11. 21.12.1956 Studer-Frei Albert, 1908, Haldenweg, Steffisburg. hat in den letzten Tagen unterschriftlich zuge-

stimmt, dass die Kinder in Pflegeplätzli untergebracht werden. Marianne kann nach Neujahr zu Familie W. A., Bern, placiert werden. Für die übrigen Kinder konnten bisher noch keine Pflegeplätze gefunden werden. Frau Studer wurde von Hr. Dr. med. Neuenschwander, untersucht und die Anmeldung in der Anstalt Tschugg wurde besorgt. Frau Studer kann nach Neujahr dort eintreten.–

Hr. Megert teilt mit, dass event. Familie H. H. an der Ziegeleistrasse einen Knaben aufnehmen würde. Frau Stucker wird die näheren Erhebungen machen.-

MEIN KOMMENTAR: HIER IST DOCH DIE WAHRHEIT ZU FINDEN? Jetzt geht es ans Eingemachte, und die Stunde der Wahrheit rückte immer näher. Der oder die Schlachtpläne für uns standen fest, auf Biegen und Brechen müssen Pflegeplätze gesucht werden. Ich war froh, dass endlich etwas Vernünftiges für unsere Familie gemacht wurde, nachdem unser Cousine H. S. das Handtuch geworfen hat und wir immer unbändiger geworden sind.

Protokoll:
02/12. 18.01.1957 Studer-Frei Albert, 1908, von Zäziwil, Haldenweg 5. Der Kommissionssekretär berichtet über die weiteren Bemühungen für die Beschaffung von Pflegeplätzen. Für 4 Kinder sind bereits Plätze gefunden worden. Die Placierung der Kinder kann demnächst durchgeführt werden. Marianne ist bereits in Bern bei Familie A. untergebracht. – Frau Studer. ist in Tschugg angemeldet und kann dort demnächst eintreten.-

MEIN KOMMENTAR: Unsere Familie brach im wahrsten Sinn in sich zusammen, und für mich kam auf einmal die Angst auf, denn niemand wusste zu diesem Zeitpunkt, wo ich zuletzt hin musste.

Protokoll:
21/13. 15.02.1957 Studer-Frei Albert, Haldenweg, Steffisburg. Frl. Stucker berichtet, dass die Kinder Käthi, Veronika und Elisabeth nächste Woche ins Kinderheim Eichberg placiert werden können. Christian Studer kommt in einen Pflegeplatz nach Höfen. Der Knabe Hans Studer ist bereits ins Kinderheim *Gumm* eingetreten.

MEIN KOMMENTAR: Christian kommt in einen Pflegeplatz nach Höfen – wer's glaubt, wird selig! Ich wurde mit dem Behördemitglied und meinem Vater zu diesem Bauernhof im Thuner West Amt gefahren. Mir war bereits die Fahrt dorthin mit diesem unbekannten Herrn sehr fremd vorgekommen. Der Vater und der Fürsorger haben untereinander über mich gesprochen, ohne nur einmal zu mir auf den hinteren Sitz zu schauen. Meine Geschwister waren alle verteilt und meine Gedanken waren bei ihnen, denn ich wusste nur von Hans Ulrich, wo er jetzt lebte. Sehr einsam und auf mich allein gelassen fuhren wir nach Höfen, zuletzt durch einen schmalen Feldweg zum Bauernhaus ganz hinten am Waldrand. Meinen Blick aus dem Auto sah niemand, mein Gefühl – *Das hatte ich damals bereits, ohne von irgendjemand gelernt zu haben, in mir drin.* Ruck – das Auto stoppte auf dem Vorplatz beim Bauernhaus. »So, Christian, wir sind da – wo du jetzt einmal schauen kannst, ob es dir hier gefallen würde.« Mein Vater? – Pflegevater? – Chef? – dieser neue VATER? schaute mich an. Zum ersten Mal kam in mir eine grauenhafte Wut auf und ich war im Tiefsten enttäuscht von diesen beiden Herren vorn im Auto. Auf dem Weg von Thun dorthin hatten die beiden von einem Glücksfall für mich gesprochen. Der fremde Mann zu mir: »Christian, komm wir zeigen dir, wo du dein Zimmer hast.« Jetzt ging es ins Haus hinein, mir wurde es fast schwarz vor den Augen, eine dunkle Küche, der Aufstieg in mein Zimmer noch dunkler, ein schmaler Gang und in eine kleine Kammer mit einem Bett, das Fenster in Dachschräge hinaus. Der Geschmack, pfui, das kam bei mir nicht gut an. Der Fürsorgebeamte sagte mir: »Christian, das ist jetzt dein neuer Wohnort, wo du zur Schule gehst.« Meine Reaktion kam prompt: Hier auf diesen Bauernhof werde ich nicht gehen. Ich habe Angst bekommen, dass ich ohne zu wollen dorthin müsste, was ganz sicher passieren würde. Anschliessend ging es wieder zurück nach Steffisburg ...

Protokoll:
15/14. 08.03.1957 Kinder Studer, Alberts, von Zäziwil, Haldenweg, Steffisburg. Frl. Stucker berichtet über die bisher angeschafften Kleider-Ausrüstungen für die Kinder Studer. Die vorliegenden Rechnungen übersteigen den Betrag von Fr. 1800.–. Da die Kinder mit den vorhandenen Kleidern unmöglich placiert werden konnten, musste alles neu besorgt werden.

Die Kommission ist mit den Neuanschaffungen einverstanden und leistet Gutsprache für die bisherigen Auslagen.

MEIN KOMMENTAR: Von diesen Neuanschaffungen habe ich nichts gesehen, meine Geschwister waren fort, und ich allein beim Vater und der Mutter daheim. In dieser Zeit wurde ich vom Vater über vieles informiert, was niemand ausser mir weiss. Dabei kam beim Vater der Plan auf, sich mit mir und der Mutter heimlich von Steffisburg zu entfernen. Er suchte ausserhalb des Einflussbereiches der Behörde eine Anstellung. Ich weiss noch gut, wie wir beide nach Langnau und von dort mit einem Bauern nach Mueshütten am Hilferenpass im Luzerner Hinterland fuhren, wo dieser Landwirt für diese Alp einen Hirten suchte. Leider ohne Erfolg, weil für mich der Schulweg zu weit war und es katholisches Gebiet war – wo neue Probleme vorprogrammiert wären. Ich glaube eher nicht daran, aber es war eine Möglichkeit, dieses Vorhaben zu beenden.

Wenige Tage später ein neuer Versuch, diesmal im Trub, bzw. Fankhaus. Dort wäre der Schulweg für mich über eine Stunde zu Fuss gewesen, was der Vater vorerst als nicht ganz gute Lösung sah, er kam aber trotzdem nicht vom Vorhaben ab. Der Vertrag wurde aufgesetzt und alles nahm seinen Lauf…

Protokoll:
06/15. 29.03.1957 Studer-Frei Albert, 1908, von Zäziwil, Haldenweg 5. Der Kommissionssekretär berichtet über die Absicht von Albert Studer. Der Mann hat sich um eine Hirtschaft beworben in der Meinung, den Knaben Christian dann auch auf die Alp zu nehmen und dadurch eine Fremdplatzierung zu umgehen. Studer glaubt wahrscheinlich, dass dann auch seine Frau dadurch bessere Eigenschaf-

ten annehmen würde.– Dem Mann wurde sein Vorhaben als ganz unklug dargestellt und es wurde ihm nahegelegt, seine Stelle im Konsum nicht leichtsinnig aufzugeben.

Nach der letzten Aussprache hat er dann eingesehen, dass er sich mit einer Hirtenstelle nicht verbessern kann. Hr. Graf wird dem Mann bei Gelegenheit auch zusprechen.

Hr. Pfr. Jaggi berichtet hierauf noch über seine Bemühungen mit Albert Studer.–

MEIN KOMMENTAR: Mein Vater war einfach verzweifelt und wollte ums Himmels Willen für mich noch alles zum Bessern ändern, ob schlechtes Gewissen, Selbstmitleid, er war auf einmal in der Opferrolle. Seine und die von der Ehefrau nicht mehr kontrollierbaren Handlungen trieben ihn in einen Verzweiflungskampf zum Überleben, für mich war diese Zeit zusätzlich schlimm geworden. Bin war am Schluss für alles schuld, wieso war die Mutter so apathisch? Ich bekam böse Blicke und traute mich nicht etwas zu sagen. Einmal lag sie auf dem Bett wie tot, und ich sprang zu der Nachbarin, um Hilfe zu holen. Die Mutter hatte zu viele Tabletten genommen und musste schnell ins Spital nach Thun gefahren werden. Der Vater: Die Idee, ein selbständiger Älpler zu sein, begrub er auch nach mehrfacher Intervention der Behörden in Steffisburg nicht. Zudem hatte mein Vater damals eine Vorzeigefamilie, die an der Scheidgasse in Steffisburg wohnte und die in einer ähnlichen Situation waren, und bevor auch dieser Familie von der Behörde in Steffisburg die Kinder weggenommen wurden, zügelte die Familie einfach ohne viel Geschrei ins Eggiwil im oberen Emmental, und konnte dort die Kinder vor der Wegnahme schützen und behalten.

Protokoll:
14/16. 26.04.1957 Studer-Frei Albert, 1908, von Zäziwil, Haldenweg 5, Albert Studer hat bereits wieder eine andere Hirtschaft im Plan. Nach seinen Angaben hätte er das ganze Jahr Arbeit. Der Kommissionspräsident hat sich über die Verhältnisse im Emmental erkundigt und leider sind die Bedingungen nicht so, dass dem Studer gedient ist.

Studer hat nun den Vertrag erhalten und er liess sich beraten. Er hat nun mitgeteilt das, er den Vertrag nicht unterzeichnen wollen. Der Mann hat grosse Mühe, sich mit den Tatsachen abzufinden. Der Kommissionssekretär wird die Angelegenheit weiterverfolgen.-

MEIN KOMMENTAR: Ja, der Alkohol beim Vater wurde durch das Hin und Her zum Problem, aber auch die Mutter hatte damals eine sehr schlimme Zeit durchgemacht, und der dazu gehörende Stress, mit allem was lief, wurde auch bei ihr zum Problem. Die Familie wurde zusehends fremdbestimmter, und der Einfluss der Eltern beschränkte sich auf die monatlichen Besuchstage der Kinder, die verstreut im Bernbiet lebten. Seine Mädchen Käthi, Elisabeth und Veronika in Uetendorf, und Marianne in Bern. Bei der Marianne kam es auf einmal auch wieder zu Spannungen. Der Bruder Hans Ulrich in der *Gumm* in Steffisburg. Für mich, Christian, wurde bis jetzt noch kein Pflegeplatz gefunden, ich vegetierte einfach daheim dahin. Musste zusehen, wie mein Onkel besoffen mit dem Einachstraktor verunfallt und handgreiflich mit dem Vater gestritten hat. Mein Vater und auch der Onkel blieben in der Wirtschaft sitzen, und keiner kam heim, um den Stall zu machen. Die Mutter verzweifelt, und ich war oft der Retter in der Not für die Mutter. Daheim allein! *Diese Situation wird mich noch einholen!*

Protokoll:
05/17. 24.05.1957 Studer-Frei Albert, 1908, von Zäziwil, Haldenweg 5. Der Kommission wird zur Kenntnis gebracht, dass das Kind Marianne. aus dem Pflegeplatz in Bern weggenommen wurde. Es befindet sich nun bei Familie Fahrni-Müller, Stotzrüti, Unterlangenegg.–

Der Knabe Christian Studer hat vor einigen Tagen erneut das Bein gebrochen und deshalb konnte er noch nicht in den Pflegeplatz verbracht werden. Zurzeit befindet er sich im Spital am Thun. Am Freitag, den 31. Mai 1957 wird Frau Studer. in die Anstalt Bethesda, Tschugg verbracht.– Ab diesem Zeitpunkt wird dann Albert Studer Kostgeldbeiträge für die Kinder leisten.–

Die Kommission nimmt zustimmend Kenntnis vom Bericht des Kommissionssekretärs.–

MEIN KOMMENTAR: Hurra – ich war im Spital Thun. Wir schrieben das Datum 24. Mai 1957, und für mich musste noch ein Pflegeplatz gesucht werden. Mein rechtes Bein wurde operiert, und danach traten Komplikationen auf. Leider wurden mir damals keine Aufgaben ins Spital gebracht, und niemand hat mich besucht. Ich wurde vom Spital für das Verbandsbinden-Rollen herangezogen und habe viele saubere Verbandsbinden gerollt. Einmal wurde mir von der

Lehrerin in Steffisburg ein Buch überbracht; dies war treffend für mich: *Der Liebe Lausbub*, eine Anspielung auf mein Verhalten. Sie wusste genau, dass ich nie mehr im Kirchbühl in Steffisburg zur Schule gehen würde.

Protokoll:
18/18. 07.06.1957 Studer-Frei Albert, Haldenweg 5, Nachdem nun Frau Studer in die Anstalt Bethesda, Tschugg, eingewiesen werden konnte, hat Albert Studer die Leistung von Verwandtenbeiträge zugesichert. Da er vorläufig noch etliche Lebensmittelschulden tilgen muss, kann er pro 14 Tagen nur 100.– bezahlen. Sobald die Schulden reguliert sind, wird er den Beitrag erhöhen.-

MEIN KOMMENTAR: Hier habe ich keine Ahnung mehr, was zu Hause abgelaufen war. Ich war lange im Spital und wusste nichts mehr von Steffisburg – niemand war für mich zuständig …

Protokoll:
02/19. 29.08.1957 Studer-Frei Albert, Haldenweg, Am 21. Aug. 1957 hat Frau Studer in der Anstalt Bethesda, in Tschugg einen Knaben Albert geboren. Der Säugling wurde gleichentags in die Elfenau in Bern eingewiesen. Das Büro musste bereits Gutsprache leisten für die Pflegekosten, pro Tag Fr. 6.–.

Die Kommission nimmt Kenntnis vom Familienzuwachs und sanktioniert die bereits ausgestellte Gutsprache.–

MEIN KOMMENTAR: Im Protokoll wurde nichts über mich erwähnt, weder der Spitalaufenthalt, noch über den Pflegeplatz – scheine nicht existent gewesen zu sein.

Bis zum 14. August 1957 im Spital Thun; wurde im Spital abgeholt und direkt in den Pflegeplatz gebracht. Konnte nicht mehr heim, hatte keine Ahnung, was zu Hause ablief. Mir wurde zuerst gesagt, dass ich nur in den Ferien für ein paar Wochen bleiben müsste und meine Eltern mich sicher erst Ende September am Besuchstag sehen würden.

Hermiswil, ob Rümligen BE

Ich kam zur Familie Gottfried Schweizer, Landwirt, Hermiswil ob Rümligen, es waren Kleinkinder da. Das heisst 6 erwachsene Personen, die mir alle von Beginn an laufend Aufgaben zuteilten, die ich zu erledigen hatte. Fast nicht lösbar – immer war jemand nicht zufrieden mit mir. Der Ton wurde aus diesem Grund auch dementsprechend lauter, hier war zu Beginn der Pflegebruder Ernst, der mich schützte und mich für vieles in Schutz genommen hat. Zudem war die Schule nach fast drei Monaten im Spital in Thun wieder zu besuchen, dies war am Anfang sehr hart. Die Lehrerin war von Beginn an nicht gut auf mich zu sprechen, ich konnte nichts und war verwildert. Sie schlug mich und riss mich oft an den Haaren, was die übrigen Schüler mit einem Gelächter quittierten und mich auch von Beginn an ungerecht behandelten. Meine Zeit in Hermiswil bringt mich noch heute oft in schwierige Situationen, wo ich mich kaum im Zaum halten kann. Werde hier nicht mehr weiter über Hermiswil schreiben.

Protokoll:
07/20. 20.09.1957 Studer-Frei Albert, Haldenweg 5, Steffisburg. hat seine Frau in Tschugg besucht und ist von den dortigen Zuständen nicht befriedigt. Er wünscht, dass die Frau so bald wie möglich an einen anderen Ort kommt. Der Kommissionssekretär hat dem Mann zugesichert, dass sofort mit der ärztl. Leitung wegen event. Umplacierung Verbindung aufgenommen wird. Ohne ärztliche Einwilligung kann die Frau in Tschugg nicht weggenommen werden.-

MEIN KOMMENTAR: Unser Vater tickte einfach immer anders und wurde deswegen leider oft falsch eingeschätzt. Er wusste genau, dass seine Frau dort in guten Händen war, das Problem lag in der Erreichbarkeit vom jeweiligen Mitglied seiner Familie. Alle wussten doch, dass unser Vater in dieser Zeit ein Alkoholproblem hatte und es ihm nicht in den Kragen passte, wenn jemand von diesem Verhalten etwas merken würde. *So naiv, das merkt doch jeder?* In Tschugg gab es keine Beiz, wo er seinem damaligen Drang nachkommen konnte. An einem Besuchstag bei mir in Hermiswil bzw. Kaufdorf hatte er über die Lage unserer Mutter geredet und war besorgt über die ganze Situation. Leider war ich über weite Strecken der einzige, der dieses Problem (Alkohol) in dieser Form auf den Tisch legte. Bei seinen Besuchen in Hermiswil war er leider oft im Alkoholrausch. Das haben mir meine Pflegeeltern nach der Abreise vom Vater immer vorgehalten, ich wurde genau aus diesem Grund wieder zum Lumpen gestempelt und in den gleichen Kübel geworfen wie der Vater - ein Säufer. Am Abend hiess es einfach: »*Geh ins Bett, so bist du am Morgen wieder brauchbar.*« Besuchstage wurden zu schmerzhaften Begegnungen und haben immer ein Nachspiel gehabt zu Ungunsten von mir. Darum war ich froh, dass ich später eher wenig besucht wurde und ich an Sonntagen meine Runden auf dem Längenberg drehen konnte.

Protokoll:
12/21. 06.12.1957 Studer-Frei Albert, 1908, von Zäziwil, Haldenweg 5, Der Kommissionssekretär berichtet, dass Frau Studer am nächsten Samstag-Nachmittag aus dem Frauenspital entlassen wird, wo sie sich einer Sterilisations-Operation unterzogen hat. Albert Studer will die Frau versuchsweise heimnehmen.- Das Büro hat der Heimnahme zugestimmt, weil ja keine Kinder zuhause sind. Die Fürsorgerin wird in Zukunft wieder Hausbesuche machen.-

Die Kommission nimmt zustimmend Kenntnis vom Bericht.-

MEIN KOMMENTAR: Was mir da sofort auffällt, ist der obige Satz: *Das Büro hat der Heimnahme zugestimmt, weil ja keine Kinder zuhause sind* – und auch keine mehr gemacht werden können. So einfach, aber im Grundsatz so knallhart, finde ich diese Geschichte. Trotzdem: Alles Bisherige basiert auf Vorkommnissen, die es einfach so nicht hätte geben dürfen und die von unseren Eltern nie in einer Form überdacht oder in Frage gestellt wurden. Darum meine Wut, wie mit uns allen umgegangen wurde. Die Aussage meiner Tante: »*Chrigeli, wir hätten dich auch genommen*«, ein Jahr nachdem ich einmal von Hermiswil nach Steffisburg fuhr, um sie zu besuchen, wohlverstanden allein und ohne Begleitung mit 11 Jahren. Zu Fuss von Hermiswil zur Station der damaligen GBS-Bahn Kaufdorf, mit dem Zug nach Thun und zu Fuss zu den Eltern in Steffisburg. Am Abend wieder zurück nach Thun zu Fuss, mit dem Zug wieder nach Kaufdorf und über Rümligen nach Hermiswil hinauf. Oft habe ich geweint und konnte auf einmal nicht mehr laufen, bis ich mir im Inneren die Angstgefühle zurechtgelegt habe: *So nicht – dies werde ich einmal anders machen*, und auf einmal konnte ich wieder laufen. Kurz vor Hermiswil fing ich an zu studieren, was mich die Pflegeeltern jetzt wieder fragen würden und bekam Angst, wartete zuerst einige Minuten vor der Tür – soll ich hineingehen oder nicht – jetzt bin ich ja noch frei und könnte abhauen, wohin? Jetzt hatte ich mir die Antworten bereits vorgelegt, drückte auf die Türfalle und stand in der Küche: »*Hesches ono lang usghautä, so hesch wieder chönnä ga Rätschä, ischer wieder psoffä gsi, hesch däich no Hunger* usw. Essen?« – »*I wott nüme, i bi müed*« und verliess die

Küche. Oben in der schmalen Stube habe ich allein geweint, bis ich eingeschlafen bin. Die Besuchstage waren immer schmerzhafte Tage gewesen, ob bei den Pflegeeltern oder in Steffisburg, was eher selten der Fall war, denn meistens kam der Vater allein oder auch ein paarmal mit den drei Geschwistern, die in Uetendorf im Kinderheim waren, zu mir. Hans Ulrich, Marianne, aber auch Albert habe ich nur wenige Male gesehen.

Ich wurde zur Taufe von Marianne auf der Schwarzenegg eingeladen, bin von Hermiswil nach Kaufdorf und mit Zug und Bus zur Kirche Schwarzenegg gereist und in der Kirche angekommen. Die Taufe war bereits vorbei, und die Kirche fand ich leer vor. Wo waren die Eltern/Tauffamilie mit der Marianne? Ich habe im Dorf gefragt, ob hier heute eine Marianne Studer getauft wurde. Nein – wir kennen keine Marianne Studer, und sie wurde nicht hier getauft. Kurz – ich habe meine Eltern und Marianne an diesem Sonntag nicht gefunden, also ging es wieder nach Hermiswil zurück. Armer Hund, kein Mittagessen, nur Wasser an den Brunnen am Weg. Ein ganzer Tag ohne Essen? Jetzt nicht etwa noch fragen für Brot bei den Pflegeeltern, das käme nicht gut an. Irgendwann musste ich doch essen! Am Montagmorgen, nachdem ich bereits wieder den langen Käsereiweg und die Arbeit im Stall gemacht hatte, war es soweit. Hammm! Morgenessen (Hunger): Was wurde mir von allen Pflegeeltern, beiden Söhnen und deren Frauen am Tisch gesagt? *»Dä frisst wieder Brot u suft winä Chue, hesch geschter nid gfrässä?«*, usw. Ich habe nichts gesagt und musste pressieren, mein Schulweg war lang.

Protokoll:
17/22. 21.03.1958 Studer-Frei Albert, Haldenweg 5, Steffisburg. Der Kommissionssekretär berichtet über die verschiedenen Besprechungen mit Albert Studer und Frau Studer. Die Eheleute Studer möchten bald einmal ein Kind heimnehmen. Das Büro hat sich jedoch bis jetzt dagegen gewehrt, weil die Voraussetzungen noch nicht geschaffen sind, um den Kindern richtige Pflege und Erziehung zu gewähren.- Das Büro möchte die Ansicht der Kommission vernehmen, damit man weiss wie man sich gegenüber Albert Studer verhalten soll. Sämtliche Kommissionsmitglieder Äussern sich zu diesen heiklen Fragen. Die ablehnende Haltung dringt jedoch bald eindeutig durch und die Kommission beschliesset mehrheitlich, dass kein Kind in die Haushaltung zurückkehren soll.-

MEIN KOMMENTAR: Mir hat der Vater immer gesagt, dass er uns alle eines Tages wieder zusammenbringen will. Zuerst würde er Albert, den Jüngsten, der direkt ab Geburt von der Mutter weggenommen wurde, zu sich heimnehmen. Dies war immer sein oberstes Ziel gewesen. Hier musste er aufpassen, dass die Behörden Albertli nicht zur Adoption freigeben könnten. Nur wurde für den kleinen Bruder noch kein geeigneter Platz gefunden. – Ich habe viel Verständnis für meinen Vater gehabt, er konnte mir alles erzählen und ich glaubte seine Worte – war er doch mein Vater und ich noch ein Kind.

Protokoll:
21/23. 11.04.1958 Studer-Frei Albert, Haldenweg 5. Seit

Wochen sucht Frl. Stucker in der hiesigen Gegend einen Pflegeplatz für das jüngste Kind der Familie Studer, Albert geb. 1957. Für die Bekanntgabe eine Adresse ist die Fürsorgerin dankbar.-

MEIN KOMMENTAR: Mein Bruder? Wo war Albert, das wusste ich nicht, keine Ahnung.

Protokoll:
17/24. 11.04.1958 Studer-Frei Albert, Haldenweg 5. Frau Studer hat aus dem elterlichen Heim noch ca. Fr. 5000.- zu gut. Ihr Bruder Karl Frei will diesen Betrag bei der Amtsersparniskasse aufnehmen und Frau Studer auszahlen. Hr. Notar Krähenbühl ersucht um Mitteilung, ob dieser Betrag der Frau Studer resp. deren Ehemann ausgehändigt werden kann oder ob wir Rückerstattungsansprüche gelten machen.-

Aus der Mitte der Kommission wird darauf hingewiesen, dass es unklug wäre, das Geld dem Albert Studer zu überlassen. Die Gemeinde hat schon so viel aufgewendet, dass sicher eine zweckentsprechende Verwendung angeordnet werden kann. Die Kommission beschliesst, dass der Betrag von ca. Fr. 5000.- z. G. der Kinder Studer sichergestellt wird.-

MEIN KOMMENTAR: Wenn ich dieses Protokoll lese, werde ich aufs Neue geschockt. Wir haben das Geld (Fr. 714.25 für uns - Gutschrift) nie bekommen, denn unsere Eltern haben es bezogen und für andere Zwecke aufgebraucht. Hier kann ich mir vorstellen, dass nur Marianne und Albert das Geld auch tatsächlich bekamen. Will es heute auch nicht mehr wissen, aber was wurde denn eigentlich unternommen, um dies zu verhindern?

Protokoll:
11/25. 30.05.1958 Studer-Frei Albert, Haldenweg 5, Steffisburg. Albert Studer will die Auslagen für seine Frau zurückzahlen. Den Rest des Geldes von der Erbschaft will er für seine Kinder auf ein Spar Heft anlegen.- Hr. Käser vertritt die Auffassung, dass alles Geld für die Kinder sichergestellt werden sollte, dagegen glaubt Hr. Stauffer, die Gemeinde sollte das Geld zurücknehmen das Studer offeriert.– Hr. Käser wird beauftragt, noch mit Hr. Fritz Frei die Angelegenheit zu besprechen und anlässlich der nächsten Sitzung Bericht und Antrag zu stellen.-

MEIN KOMMENTAR: Unser Vater wollte sich mit Zucker und Peitsche aus dieser für ihn missen Lage manövrieren, aber damals hatte er schon lange alle Zügel aus der Hand gegeben. Das Schiff triebt bereits über Monate ohne Steuermann auf der hohen See. Mir hatte er in dieser Zeit bei jeder Gelegenheit viel über seine Gedankengänge und Pläne erzählt, und ich wusste viel über unsere Familie, wenn dies nur gut kommt?

Protokoll:
20/26. 04.07.1958 Studer-Frei Albert, 1908, von Zäziwil, Haldenweg 5. Am 10. Juni 1958 konnte das jüngste Kind, Albert Studer geb. 21.08.1957 zu Familie Gottfried Winkler-Ritter, Blumenstein, in Pflege gegeben werden.

Der Pflegevertrag wird demnächst abgeschlossen und kann dann zur Genehmigung vorgelegt werden.-

MEIN KOMMENTAR: Auf den ersten Blick eine erfreuliche Botschaft. Dieser Pflegeplatz hat mehr Zündstoff in sich gehabt, als wir uns vorstellen können. Unser Bruder wurde als Bebe in diesen Pflegeplatz gebracht, und hier muss man sich einmal im Klaren sein, dass bei der Pflegemutter das innige Muttergefühl aufkam. Ein Kind – was ist grösser, was braucht mehr Zuneigung, was löst das in der übrigen Familienstruktur aus? Um Himmels Willen, das Bebe hatte ja den Namen von der Pflegefamilie nicht, wie geht diese Familie mit diesem Umstand um?

Protokoll:
16/27. 10.10.1958 Studer-Frei Albert, Haldenweg, Steffisburg. Albert Studer wird demnächst eine Zweizimmer Wohnung am Pappelweg beziehen. Er hat das Gesuch gestellt für die Heimnahme der 3 Mädchen aus dem Kinderheim Eichberg, damit dies beim Zügeln helfen können. Frau Iseli äussert die schon bei anderer Gelegenheit angebrachten Bedenken. Sie wird unterstützt durch Hr. Ad. Käser und Hr. Fr. Küng. Um dem Albert Studer entgegen zu kommen beantragt Hr. Fr. Küng, das älteste Mädchen bis zum Schulbeginn den Eltern zu überlassen.

Die Kommission stimmt einem befristeten Aufenthalt für das Kind Käthi Studer zu.-

MEIN KOMMENTAR: Hier habe ich keine Ahnung, wie es damals beim Umzug vom Haldenweg 5 an den neuen Wohnort am Pappelweg 13, Steffisburg gegangen war, zu dieser Zeit war ich bereits Karrer, Landarbeiter, Käsereibub und *häb-reck-zünd* in Hermiswil gewesen.

Protokoll:
05/28. 30.12.1958 Studer-Frei Albert, 1908, von Zäziwil, Pappelweg. Albert Studer hat das Gesuch gestellt für die Heimnahme der 3 Mädchen während den Ferientagen. Diesem Gesuch hat das Büro entsprochen. Käthi Studer kommt im Frühling 1959 zu einem anderen Lehrer. Auf diesen Termin hin möchte Albert Studer dieses Kind definitiv heimnehmen. Die Kommission wird ersucht, zu diesem Gesuch Stellung zu nehmen.- Aus der Mitte der Kommission wird darauf hingewiesen, dass es schon ein grosses Risiko bedeutet, mit den Kindern ein Versuch zu machen. Da es jedoch jetzt in der Haushaltung bedeutend besser aussieht, wird man einen Versuch wagen müssen.

In der Abstimmung entfallen 3 Stimmen für die Rückgabe des Kindes Käthi an die Eltern, 2 Mitglieder stimmen dagegen. 5 Mitglieder enthalten sich der Stimme.

Auf Grund dieses Beschlusses wird Käthi Studer auf den Frühling in die Familie zurückkehren.-

MEIN KOMMENTAR: Das heisst, dass meine Schwester Käthi die erste war, die zur Mutter und dem Vater zurückkonnte; hier nur meine Randbemerkung. Ausgerechnet unser Vater, der sich immer stark gemacht hat, dass die drei Schwestern zusammen sein müssen. Zweifel an dieser Aussage entstanden bei mir schon sehr früh, denn auch das Eingreifen der Behörden änderte an der Situation überhaupt nichts. Wer arm ist, will arm bleiben, so kam es mir oft vor, sonst hätten doch unsere Eltern selbst versuchen müssen, aus dieser aussichtslosen Situation zu kommen.

Protokoll:
23/29. 13.03.1959 Studer-Frei Albert, 1908, Pappelweg. Albert Studer wird die Kinder vom Eichberg über Ostern heimnehmen. Käthi bleibt dann daheim und wird hier zur Schule gehen. Die beiden jüngeren Mädchen wird Studer am Ostermontag ins Kinderheim Eichberg zurückbringen.

MEIN KOMMENTAR: Dieses Unterfangen oder Handbieten der Fürsorgebehörde würde sicher in Zukunft zum Problem führen, ich kannte den Plan vom Vater bereits. Warten wir es ab.

Protokoll:
15/30. 18.09.1959 Studer-Frei Albert, 1908, von Zäziwil, Hilfsarbeiter, Pappelweg. Das Kind Veronika Studer, geb. 1952, im Kinderheim Eichberg, ab hier wurde das Protokoll abgedeckt unleserlich gemacht.

MEIN KOMMENTAR: Die Heimleitung war schuld? Nein, nach meinem Empfinden ist die Wegnahme der Schwester Käthi vom Kinderheim Eichberg mitschuldig und wie bei allen anderen Problemen steckt unser Vater dahinter, der nur eines im Kopf hatte, alle Kinder auf Biegen und Brechen nach Hause zu nehmen, obschon unsere Eltern in keiner Art und Weise gewachsen waren, uns in ein geordnetes Leben zu führen. Meine Schwester V. hat bis zu ihrem Ableben an dieser fatalen Fehlentscheidung vom Vater und der zustimmenden Behörde gelitten. Bei Gemütsschwankung kam sie sofort ausser sich, und diese Geschichte von der Wegnahme der Schwester Käthi im Eichberg war wie ein Blitz bei ihr im Kopf vorhanden. Dieser Schock vom Kinderheim Eichberg war bei V. einfach fest eingebrannt und fix programmiert. Das war später bei V. wegweisend und oft belastend in der Entscheidungsfindung, also rabenschwarzer Ballast. Gründe, was geändert werden sollte, sind weit entfernt, die Situation unserer Eltern konnte durch keine Behörde gelöst werden, es gab zu diesem Zeitpunkt nur Verlierer, weil es einfach beim Vater in jedem Bereich keine Grundlage zum Ändern gab. Warum sich am Arbeitsplatz nicht verbessern und versuchen, das Einkommen zu steigern? Ich glaube, da wurde nie überlegt – Kinder waren ein Produkt des unkontrollierten Triebs. *Welcher, lasse ich dem Leser offen.*

Protokoll:
08/31. 06.11.1959 Studer Albert, des Albert, geb. 1957, von Zäziwil, in Pflege bei Fam. G. Winkler, Obergasse, Blumenstein

Albertli ist in einem sehr guten Pflegeplatz untergebracht, wo ihm viel Verständnis und Liebe entgegengebracht wird. Ab hier wurde das Protokoll abgedeckt unleserlich gemacht.

MEIN KOMMENTAR: (Abgedecktes Protokoll, nur die Antwort zu dem, was unter der Abdeckung steht, wurde im Protokoll vom 20/26, am 04.07.1958, bereits näher umschrieben.) – Unser Vater hat es der Frau Winkler nie einfach gemacht; jede Intervention oder jedes Gesuch um die Frage, dass er Albertli nach Hause nehmen wolle, löste bei der Pflegmutter eine Depression aus, sie liebte Albertli und pflegte ihn oft besser als die eigenen Kinder. Auch ich war ihr Liebling gewesen, auch später als ich sie als Erwachsener besuchte. Einfach Hut ab vor Frau Winkler!

Protokoll:
09/32. 06.11.1959 Studer Christian, des Albert, geb. 1947, von Zäziwil, in Pflege bei Fam. Schweizer, Hermiswil ob Rümligen

Christian entwickelt sich körperlich weiterhin gut. In der Schule hat er ziemlich Mühe mitzukommen. Dafür steht er umso mehr da in den vordersten Reihen, wo es auf Kraft ankommt.

Herr Zeller, Fürsorgeinspektor, berichtet, dass Herr Zoss, Armeninspektor von Hermiswil, in seinem Bericht die Frage aufgeworfen habe, ob Christian bei Familie Schweizer wirklich am richtigen Ort sei. Er habe bei seinem Besuch den Eindruck erhalten, dass Christian sehr einfach erzogen werde. Dazu sei die Familie Schweizer auch sehr verschlossen und schwer zugänglich.

MEIN KOMMENTAR: Pflegeplatz im Detail erläutert, für jeden Punkt gäbe es eine eigene Geschichte:

1. Christian = Verdingbub = einfach ein Nichtsnutz und ein Schuhraster,
2. Karrer, Käsereibub, Mister, Landarbeiter, einfach für alle Arbeiten gut.

3. Ein Fremder, an dem alle sich rächen konnten und der schutzlos ausgesetzt war.
4. Nur gut, wenn er nichts verlangt und seine Ämtli zu vollster Zufriedenheit erledigt,
5. Vom Morgen bis am Abend zur Verfügung steht und nicht herumsteht,
6. Immer gut aufgelegt und nicht mit anderen Leuten redet – *Was hast du ihm gesagt?*
7. Meine Kraft voll einsetzen und schnell reagieren, wehe es passiert etwas.
8. Nie mit einem Wunsch an die Pflegeeltern gelangen, oder etwa noch Fragen stellen.
9. Nicht widerreden, aufmüpfige Äusserungen oder noch schlimmer reklamieren.
10. Am Familienleben teilnehmen, das steht nicht im Vertrag.
11. Es gibt keine schweren Arbeiten, das kenne ich nicht, einfach anpacken.
12. Das Essen und Trinken musste ich mir erarbeiten, wenig Arbeit = weniger Essen
13. Selbst kaufen, wenn etwas kaputt ging, später fing ich Mäuse und sparte Geld
14. Hermiswil gab es nur 2 Pers. Nachbarfamilie, denen ich mich anvertrauen konnte.
15. Mein grosses Problem war die Angst und nirgends dazu zu gehören.
16. Der Schulweg, der Schlachtweg, ich wurde bis zum Umfallen gehänselt.
17. Der Käsereiweg, im Versteckten warten Eltern, um sich an mir zu rächen.

18. Wurde herzitiert von Vätern wegen den Söhnen, die ich auf dem Schulweg prügelte.
19. Vor dem Besuchstag wurde ich immer bearbeitet und sollte nichts aussagen.
20. Der Lehrer lässt mich sein und verlangt keine Aufgaben – Kein Lernzwang!
21. War zum Schlägertyp geworden, was immer das heisst.
22. *Dä suft wieder winä Chue, bisch am verhungere. Hör de öppä uf* usw.
23. Meine Flucht vom Hermiswil nach Steffisburg zu den Eltern, Alptraum ...

Von der Schule in Rümligen zu Fuss nach Hause in Steffisburg BE, hier an der Aare bei Uttigen

Warum das so ist, liegt auf der Hand, jedes Kind kostet, ob es in der eigenen Familie oder in einer fremden Familie aufwächst. Für die eigene stehen mehr als Fr. 45.– im Monat zur Verfügung. Dazu kommt noch der Aufwand für den Verdingbub, mit einem solchen Flegel sich herumschlagen müssen, und dies wiederum ist auf jeden Fall immer aufwändiger als bei den eigenen Kindern.

An der Zulg entlang zu den Eltern in Steffisburg

Protokoll:
17/33. 18.03.1960 Studer-Frei Albert, 1908, Pappelweg. Der Kommissionssekretär rapportiert, eingehend über die unüberlegten Handlungen von Albert Studer. Der Mann hat auf den 1. April 1960 die Wohnung am Pappelweg gekündigt und ebenso seine Arbeitsstelle im Konsum. Er wollte in Allmendingen ein Heimetli übernehmen und neben dem Landwirtschaftsbetrieb noch den Klauenputzerberuf ausüben.–

Die Angelegenheit mit dem Heimetli hat sich glücklicherweise zerschlagen. Durch die Bemühungen des Kommissionspräsidenten kann Studer in einigen Wochen die Arbeit im Konsum wieder aufnehmen. In der Zwischenzeit geht er Klauen putzen. Studer ist nun auch froh, dass er die Wohnung am Pappelweg behalten kann.-

Es zeigt sich eindeutig, dass Studer die Behörde vor vollendete Tatsachen stellen wollte. Im Vordergrund steht bei Studer immer die Heimnahme der Kinder.

Am 8. März 1960 fand eine Konferenz statt, zusammen mit den Organen der Vormundschaftsbehörde und den Eheleuten Studer.-

Es ist zu hoffen, dass die Eltern Studer das unüberlegte Handeln einsehen.

Hr. Graf berichtet noch, dass nach seiner Meinung Albert Studer hie und da zu viel trinke.-

Das Vorgehen und die Bemühungen des Büros werden sanktioniert.-

MEIN KOMMENTAR: Das Obgenannte kenne ich nicht, ich weiss von der Vision unseres Vaters wegen der Heimnahme von uns Kindern, im Speziellen von Albertli in Blumenstein - unser Vater war immer am Ball und liess keinen Augenblick vom Vorhaben ab, einfach ein unüberlegtes und verzweifeltes Verhalten. Dieses ständige Beschäftigen des Fürsorgesekretariats von unserem Vater war ein zusätzliches Verhaltensproblem und verunmöglichte ein zielgerichtetes Helfen der Behörde. Diese hatte immer nur den Stillstand zu kontrollieren, und für uns blieb dadurch keine Zeit, was die Hauptaufgabe von dieser Stelle gewesen wäre.

Protokoll:
22/34. 17.06.1960 Studer-Frei Albert, Pappelweg. Es kann mitgeteilt werden, dass Albert Studer die Arbeit im Kohlen-

magazin vom Konsum demnächst wieder aufnehmen kann. Während 3 Monaten hat Studer nun keine Beiträge für die Kinder bezahlen können, was für die Fürsorgekasse eine ziemliche Belastung ergibt.

Der Knabe Christian Studer konnte zu Familie Franz Zehnder, Ldw., Amsoldingen placiert werden. Der Pflegevertrag mit dieser Familie wurde auf der gleichen Basis abgeschlossen wie s. Zt. bei Familie Schweizer, Kostgeld pro Monat Fr. 45.–. Die Kommission stimmt dem Pflegevertrag zu.–

MEIN KOMMENTAR: Meine *Flucht wurde nicht registriert und/oder kommentiert!* – Mein neuer Pflegeplatz in Amsoldingen und der Umgebung war wirklich super. Die Kirche in Amsoldingen, das Glockengeläut unweit von unserem Haus, die beiden Seen in der Nähe, der kurze Schulweg. Mein Pflegebruder, meine Pflegeschwester, mein erster Eindruck super, aber das änderte sich innerhalb von 48 Stunden schlagartig. Mein Pflegebruder war viel besser, ja das stimmt, er war ja viel länger hier und hatte dadurch bereits einen anderen Status, und das musste ich schnell zur Kenntnis nehmen. Mein Helfer in dieser Situation war: *Angst.* Bereits nach wenigen Tagen wurde ich auf die neue Situation am neuen Ort eingestellt, was war mit mir passiert: Die alte Abwehrstellung, das vorsichtige Handeln, kam auf einmal wie ein Schema bei mir innen auf. In Amsoldingen angekommen und bereits wieder Verdingbub = *Dreckskerl = meine Art polarisierte = Angst = Unsicherheit = verwegen.* Dieses Gemisch von Gefühlen und die sehr schwierige Vergangenheit in Hermiswil, wurde nach wenigen Monaten wie ein Spiegelbild mit alter Einstellung aufgenommen. Nachdem ich verbal angegangen wurde und ich, ohne dass es die anderen wussten, wie ein Schläger reagierte, einfach ein Grobian. Kurze Zeit später riefen die Schüler mir nach: »*Da kommt der Verdingbub, dein Alter säuft, chaisch ja nid ä mau da Heime wohne*«, usw. Wurde ohne Grund zu Boden gerissen, geschlagen und musste mich oft wehren, der Fehler lag nur bei mir. Meine Pflegemutter gab mir den Auftrag, immer nach der Schule ins WC zu gehen und den Mund mit Wasser zu füllen und erst daheim das Wasser aus dem Mund lassen. Du musst einfach nicht reden, komm einfach heim. Ja, dort wartet mir ja Arbeit, wo ich die überschüssige Energie ablassen konnte. Übrigens habe ich es sehr gerne gemacht, die Arbeit bei Franz Zehnder war für mich super, ich habe gerne mitgearbeitet und konnte bei ihm vieles lernen.

Am neuen Ort bei neuen Pflegeeltern, in Amsoldingen BE

Meine Arbeit: Feldarbeit, oft allein Rübenfeld jäten, Steine, die ich aus dem Acker getragen habe, auf dem Feldweg mit grossem Hammer (Fäustel) zerkleinern. Mit dem Motorkarren *Grunder* das Gras holen, das ich zuvor mit der Sense gemäht habe. Gülle führen, Tagelang selbst mit Handpumpe das Güllenfass füllen, ja ich war einfach ein Landarbeiter. Die Schulaufgaben konnte ich am Mittag vor der Schule machen, nur meine Aufgaben auf dem Betrieb liessen keinen grossen Spielraum, um mich voll den Schulaufgaben zu widmen. Wollte ja auch nicht lernen, denn ich konnte nur arbeiten, und da waren alle zufrieden – ich auch. Darum musste ich am Samstagabend die fehlenden Aufgaben nachholen und bis 21:00 Uhr beim Lehrer Walter Klossner abgeben, dieser war zugleich der Amtsvormund und betreute auch meinen Bruder Albert in Blumenstein.

Zusehends bekam ich Probleme mit den Pflegeeltern Zehnder, die mich auf einmal ganz hart an die Kandarre nahmen und es zum handgreiflichen Duell kam. Jede Achtung vor ihnen war meinerseits verloren gegangen. Das hätte auf einmal ganz bös ins Auge gehen können. Meine innere Wut war von diesem ganzen System so geladen gewesen, dass jeder Zeit hätte ausrasten können und es zur Katastrophe hätte kommen können. In Amsoldingen gab es nur einen Lichtblick: *Himmuchrigeli*, dieser Name wird immer in mir leben, zu verdanken habe ich ihn der Frau Margrit Hiltbrand. – Eine Geschichte für sich!

Protokoll:
25/35. 13.07.1960 VoKo 260. Die Pflegefamilie Gottfried Reusser, Hartlisberg, stellt das Gesuch um Erteilung einer

Bewilligung zur Aufnahme eines Pflegekindes. ns. Studer Käthi, geb. 1945, Tochter des Alfred und Martha geb. Frei.

Da die Verhältnisse als geordnet betrachtet werden können, wird die Bewilligung erteilt.-

MEIN KOMMENTAR: Leider hatte ich keine Ahnung von dieser Veränderung, wusste nicht einmal, dass Käthi wieder in einen Pflegeplatz gebracht wurde. Für mich sehr befremdend und einfach nicht nachvollziehbar, was mein Vater hier gemacht hat. Gesuche um Gesuche um Gesuche ... und direkt in den nächsten Pflegeplatz ...

Protokoll:
22/36. 22.07.1960 Studer-Frey Albert, 1908, von Zäziwil, Hilfsarbeiter, Pappelweg 13. Unmittelbar vor der jetzigen Sitzung hatten der Vorsitzende und der Kommissionssekretär eine Besprechung mit Hr. Studer, weil er in den letzten Monaten keine Zahlungen mehr für die Kinder geleistet hat. Studer war einige Zeit krank, ging dann dem Klauenputzerberuf nach und arbeitet jetzt vorübergehend in einem Baugeschäft. Frau Studer geht jetzt auch arbeiten, nachdem das Kind Käthi Studer vom Vater selber in einen Pflegeplatz auf den Hartlisberg versorgt wurde. Dem Mann wurden die nötigen Vorbehalte gemacht und es wurde ihm eröffnet, dass unsere Kommission nicht mehr länger zuschauen könne. Studer hat hierauf weitere Zahlungen versprochen und sich bereit erklärt, die Arbeit im Kohlenmagazin des Konsumvereins wieder aufzunehmen. Studer gab auch neuerdings zu, dass seine Ehefrau mit zwei Männern ein Verhältnis hatte und er selber so einsichtig sein sollte, dass unter diesen

Umständen eine Rückkehr der Kinder in die Familie nicht in Frage kommt.-

Die Kommission nimmt von der Verhandlung mit Albert Studer zustimmend Kenntnis,-

MEIN KOMMENTAR: Was muss ich hier lesen, dass meine Schwester Käthi, nachdem sie aus dem Kinderheim Eichberg, Uetendorf zum Vater in Steffisburg heim durfte, nur kurze Zeit später vom Vater selbst wieder in einen Pflegeplatz gebracht wurde. *Himmudonner, Vater!* Gesuche um Gesuche, damit du deine Kinder heimnehmen kannst, und bereits beim ersten Kind wurde alles zunichte gemacht. Bei mir in Amsoldingen klagen, wie sehr die Fürsorge ihm den Wunsch, die Kinder heimzunehmen, verwehrt, und ist es einmal so weit und Käthi konnte heim, steckt unser Vater dieses Kind einfach wieder in einen neuen Pflegeplatz. Für mich sehr befremdend und einfach nicht nachvollziehbar, was mein Vater hier gemacht hat. Eine unglaubliche Tragödie!

Leider wussten meine Geschwister vieles nicht, was ich gesehen habe und mir der Vater auch erzählt hat, denn es wurde viele Jahre einfach unter den Tisch gewischt, auch von mir - weil ich dieses Verhalten der Mutter durchaus verstehen konnte. Sie war ja nur als Sündenbock von unserem Vater hingestellt worden und sollte für alles die Schuld tragen!

Protokoll:
24/37. 25.08.1960 Studer-Frei Albert, 1908, Pappelweg. Hilfsarbeiter, hat nun die Arbeit im Kohlenmagazin vom

Konsumverein wieder aufgenommen. Er hat nun bereits wieder das Gesuch gestellt für die Heimnahme der Kinder Hansueli und Elisabeth, welche sich im Kinderheim Eichberg befinden. Der Kommissionssekretär hat dem Mann bereits erklärt, dass die Voraussetzungen nicht gerade günstig seien, weil das Verhalten der Frau Studer zu schweren Bedenken Anlass gibt. Auch die Platzverhältnisse seien ungünstig.- Albert Studer erklärte, dass der Gesundheitszustand von den häuslichen Verhältnissen abhängig sei und er der Kinder wegen leide.

Frau Iseli, Hr. Baumann und Hr. Käser beantragen, auf das Gesuch nicht einzutreten und die Kinder unter keinen Umständen ins alte Milieu zurückzugeben.

Die Kommission lehnt hierauf das Gesuch um Rückgabe von 2 Kinder einstimmig ab.

MEIN KOMMENTAR: Ich ging sehr hart mit unserem Vater ins Gericht, mir war seit langem bewusst, dass unser Vater das Problem war. Abermals wurde ich vom Vater mit den Worten besänftigt, dass es sicher nicht mehr lange dauern würde, bis wir alle wieder zu Hause sein würden. Am Anfang habe ich noch daran geglaubt, je länger ich aber fortbleiben musste, desto weniger hat es mich berührt. Hoffnung gab es nicht mehr. Was ich mich immer fragte: *Wussten meine Eltern, was sie mir angetan haben, und für was ich auf die Welt gesetzt wurde?* Meine Antwort ist ganz klar: *NEIN*, denn mein Drang, diese Situation selbst zu ändern, war in diesen Jahren mein grösster Wunsch. Leider fehlten mir die Möglichkeiten, jetzt kommt sicher die Frage: *Meine Schulbildung wurde bewusst nicht gefördert, damit ich möglichst lange ein Knecht bleibe!* Schrecklich, dass ich das heute so schreibe!

Dazu kommt der innere Druck, mich aus diesen Krallen der Unvernunft meiner Umgebung Pflegeplatz, Käserei- und Schulweg, in der Dorfgemeinschaft zu lösen, ich war immer in einer Stresssituation und musste mich fast Tag und Nacht in Alarmbereitschaft halten. Dies werde ich später einmal ändern!

Protokoll:
20/38. 06.10.1960 Studer Albert, von Zäziwil, Pappelweg. Hansueli Studer wurde letztes Jahr in das Kinderheim Eichberg, Uetendorf plaziert. Da Hansueli im Kinderheim zu wenig beschäftigt werden kann und auch altersmässig nicht mehr in den Eichberg gehört muss für den Knaben baldmöglichst in einer Pflegefamilie untergebracht werden. Studer schlägt als Pflegeplatz vor: Familie Bruni. Landwirt, Amsoldingen. Das Büro wird beauftragt diesen Pflegeplatz abzuklären und gegeben Falls den Pflegevertrag abzuschliessen.

MEIN KOMMENTAR: Hans Ulrich nach Amsoldingen? Da geht bei mir schon die Galle hoch, wenn ich nur daran denke. Mein Bruder Hans Ulrich, er wollte doch im Kinderheim *Gumm* in Steffisburg sein. Abhauen, nichts tun, ein schönes Leben führen usw.; jetzt, weil er sich im Kinderheim in Steffisburg *so gut* aufgeführt hat, verlegte man ihn einfach in ein anderes Kinderheim und zuletzt noch nach Amsoldingen. Obschon für ihn eine andere Gangart zielorientierter gewesen wäre, dies behaupte ich heute. Weiteres später...

Da lief es bei mir ganz anders, ich habe die härtere Gangart für mich gewählt und wurde von diesen Pflegefamilien in Hermiswil und Amsoldingen auf vielfältige Weise enttäuscht. Ich konnte den Anforderungen nie gerecht werden, es fehlte immer etwas, damit ich dies erfüllen könnte. Verdingt ist jetzt einfach einmal verdingt, und da passt gar kein anderer Stand hinein, dies ist wie eingebrannt, abgestempelt – *fertig!*

Protokoll:
07/39. 10.11.1960 Studer Christian, des Albert, geb. 1947, in Pflege bei Familie Zehnder, Landwirt, Amsoldingen.

Im April dieses Jahres musste für Christian ein neuer Pflegeplatz gesucht werden, nachdem es zwischen den Pflegeeltern Schweizer und Christian zu ernstlichen Schwierigkeiten gekommen war. Christian konnte bei einer Familie Zehnder, Landwirt, Amsoldingen, untergebracht werden.

Der Knabe fühlt sich am neuen Ort glücklich und die Pflegeeltern geben sich Mühe.

MEIN KOMMENTAR: Super: Weil es zwischen Christian und den Pflegeeltern zu ernstlichen Schwierigkeiten gekommen war? Bei mir ist sofort die ganze Tragödie: *Werdegang von Hermiswil wieder präsent.*

Mein junges Leben hätte bereits im Jahr 1959 enden können, mein Verding-Bub-Kollege R. M. lebt nicht mehr – wir hatten uns entschlossen, uns gemeinsam das Leben zu nehmen und zwar damals sofort.

Nur durch meine innere Haltung, dass ich den Hund und die Schotte zuerst nach Hause bringen musste, lebe ich

Auf diesem Platz, 5 Meter nach der Strassen-Einmündung von rechts, habe ich mit meinem Kameraden zusammen abgesprochen, dass wir uns das Leben nehmen und zwar sofort, nachdem wir zu Hause sein werden, R. hat es damals leider getan. Hätte auch ich sein können, ich stand auf der anderen Seite?
R. M.† Rüeggisberg.

noch. Ich habe damals Zeit gehabt, mir alles in Ruhe auf dem Käsereiweg zu überlegen. R. nicht. Diese Abmachung ist bei mir immer noch offen, und ich muss mir gerade wieder durch einen Profi-Doktor helfen lassen.

(Meine Frau Margrith bekommt es mit, dass ich mich wieder selbst gefährde und Hilfe brauche!) Meine Zeit in Hermiswil war die Hölle, ich war wie eine Ratte herangewachsen. Oft habe ich mich gefürchtet, im Weiler herumzulaufen. Niemandem konnte ich trauen – am ehesten noch Adolf und Lina Nussbaum, Landwirt, in Hermiswil. Zu ihnen konnte ich in die Stube, und Adolf zeigte mir damals die selbst hergestellten Holzflugzeuge. An Weihnachten nahm er mich auch mit dem Pferdeschlitten mit, und wir besuchten eine Familie an der Halten, Riggisberg. Ein paar Monate später brauchte es einen Fehltritt von mir und schon hatte es sehr schwerwiegende Folgen: Nur fünf Minuten zu spät nach Hause gekommen nach dem Spielen mit Nachbars Buben, danach musste ich von 20:30 Uhr vier Stunden bis 00:30 Uhr vor geschlossenen Türen warten, erst jetzt wurden mir die Türen geöffnet. Was mich damals erwartete, war das Abscheulichste – ich wurde von einem Sohn der Pflegeeltern mit dem Karabiner in Anschlag erwartet. Schock – sofort rannte ich davon und wollte direkt abhauen, nur durch durchdringende Zurufe und dass er mir nichts mache, kehrte ich um – ich solle einfach jetzt kommen und ins Bett gehen. Schnell und ohne zu murren verzog ich mich in meinem Budeli. Schlafen? Nein, ich konnte einfach nicht mehr zur Ruhe kommen und schmiedete mir Pläne, was ich am Morgen machen wollte. Denn eines war mir klar: Dieser Vorfall hatte für mich ganz schlimme Folgen. Es würden sechs Erwachsene sein, die von mir am Morgen einzeln wissen wollten, warum ich am Abend nicht um die geforderte Zeit zu Hause war. Das würd noch mit Schlägen auf den Hintern und auf Kopf enden, oder eben ich verlasse ultimativ den Pflegeplatz. Nun, der Morgen kam, ich war im Kopf gut gerüstet und wusste, was ich zu tun hatte, bereits im Pferdestall die erste Frage von E., der mit dem Karabiner in der Nacht auf mich gezielt hatte: »*Wo bisch gsi, du Vagant? Warum bisch nid 20:30 Uhr daheim gsi?*« Im Kuhstall der Bruder F.: »*Da chunnter dä Lumpähung, hesch nüd gleert u chaisch immer no nid losä?*« Der Pflegevater: »*Das het itz eifach ke Gattig mit dir, du Gouner, aber dir triebe mir Diner Flousä scho no us!*« Gottlob musste ich in die Käserei und musste nicht Angst haben, dass dem einen oder anderen die Hand ausrutscht und er mir schon vor dem Morgenessen den Hintern verschlägt. Nach der Fahrt in die Käserei und weiteren Arbeiten musste ich schnell das Morgenessen einnehmen, denn ich musste zur Schule nach Rümligen hinunter. Das, was damals vorgefallen ist, geht mir heute noch durch den Kopf, als ob es erst gestern passiert wäre. Alle sassen am Tisch und waren bereits am Morgenessen, mein Sitzplatz war ganz am Anfang am Tisch – links von mir der Pflegevater und rechts von mir die Pflegemutter und die Söhne mit Frauen weiter hinten. Es war eine Stimmung wie in einem Gerichtssaal: Alle warteten auf mich, ich war noch nicht einmal abgesessen, wurde ich gefragt, wo ich gestern Abend gewesen sei? Frauen wie Männer hatten alle den gleichen Ausspruch: *Fotzelhund, Vagant, Krüppel, Nichtsnutz!* Auf einmal stand der Pflegevater auf, zog mit der rechten Hand aus und schrie mich an: *»Du Gouner muesch itz i Bächtälä.«* Ich in eine Anstalt? Jetzt zog ich die Notbremse, ich stand auf, nahm meine Schulsachen und rannte einfach einmal davon, keine Strasse, kein Weg, einfach querfeldein. Mit Tränen in den Augen verliess ich Hermiswil und habe diesen Ort erst viele Jahre später mit meiner Familie besuchen können, zuerst nicht einmal bis nach Hermiswil – sobald ich ein Haus gesehen habe, musste ich umkehren. Ganz schlimm traumatisiert, noch heute ist es für mich nicht immer der Ort, den ich besuchen kann.

Flucht nach der Schule – vom Schulhaus Rümligen war ich nach 11:00 Uhr gestartet und verliess die Schule zu Fuss. Mein Fluchtweg Rümligen – Einschlag – Moosweg – Mühledorfstrasse – Mühledorf – Murgge – Dorfstrasse –

Kirchdorf – Uttigenstrasse – Staatsstrasse – Aarbord – Dorfstrasse – Uttigen – Stationsstrasse – Bahnhof Uttigen – Thunstrasse – bis zur Abzwg. Eichenweg dort links und geradeaus durch den Wald bis zum Aareufer, dort rechts nach Thun über den Uferweg, bis zur Regiebrücke – Schwäbisstrasse – Stockhornstrasse – Glockentalstrasse – Bösbach – Unterdorfstrasse – Schächliweg – an dem linken Zulgufer entlang bis zum Haus der Eltern in Steffisburg, am Pappelweg. Am späten Nachmittag angekommen, habe ich mich sofort bei den Eltern im Keller versteckt. Der obengenannte Vorfall hatte kein Nachspiel und es wurde Stillschweigen vereinbart! Da könnte ich noch einiges schreiben über diese Zeit im Hermiswil, beende aber diese Zeitepoche.

Protokoll:
19/40. 25.11.1960 Studer Hansueli, des Albert, geb. 1948, im Kinderheim Eichberg. Der Knabe Hansueli muss aus dem Kinderheim Eichberg baldmöglichst weggenommen werden. Im Einvernehmen mit dem Vater hat das Büro ein Inserat für einen Pflegeplatz aufgegeben und es sind etliche Offerten eingegangen. Der Kommissionssekretär hat mit Albert Studer, welcher sich zurzeit wegen einem Velounfall mit Schädelbruch im Spital Thun befindet, verhandelt und den Auftrag erhalten, einen Platz im Westamt zu suchen. In den nächsten Tagen wird dann die Placierung möglich sein. Die Kommission nimmt Kenntnis vom Bericht.-

MEIN KOMMENTAR: Im Thuner Westamt zu suchen, wo sich bereits zwei Knaben von der Familie Studer aufhielten. Was für eine Überlegung von unserem Vater? Albertli in Blumenstein, dem es sicher gutging und mir in Amsoldingen, wo zu dieser Zeit auch bei mir wieder ein wenig Ruhe eingekehrt war, und es mir damals wirklich viel besser gegangen ist. Nur was wurde über mich geredet, der Fürsorger von Steffisburg hat bei der Suche von einem Pflegepatz für Hansueli im Thuner Westamt auch die Gelegenheit genutzt, mit meiner Pflegemutter über mich zu reden. Mit mir wurde nicht gesprochen, ich wurde nicht gefragt. *Da ist ja alles in Ordnung und gut,* nur musste ich Holzrüsten *spalten* und konnte nicht beim Gespräch dabei sein. Ich war ausser mir und wurde wütend, konnte es nicht verstehen, was ich wieder falsch gemacht habe. Es wurde mir klar, hier wurden wieder Sachen über mich geredet, die ich nicht hören durfte, aber was durfte ich als 13-jähriger Bursche nicht hören? Hier ist das Vertrauen zu meinen neuen Pflegeeltern auf einen Schlag zunichte gemacht worden. Ab jetzt war ich wieder im alten Gleis und wusste nicht einmal mehr, was ich richtig oder falsch machte und fing an zu grübeln: Was hat der Fürsorger von Steffisburg der Pflegemutter gesagt? Was? Und auf was muss ich mich gefasst machen? Der Fürsorger sagte nach dem Gespräch mit Frau Zehnder zu mir: Christian, dein Bruder Hansueli kommt in einen neuen Pflegeplatz, nach Zwieselberg. E was isch da los, dä wo in ein Kinderheim wollte – und jetzt auf einmal zu einem Bauern? Geht es noch? Das konnte am Ende nicht gut kommen, dies wusste ich schon damals, ohne den Pflegeplatz zu kennen. Er wurde misshandelt und die Folge davon war, dass Hansueli *Epileptische Anfälle* bekam; dies war wirklich keine gute Idee vom Vater und der Behörde gewesen. *Wieder in eine Abwehrhaltung und rüpelhafte Situation,* dazu

Angst. Was um Himmels Willen wurde im Gespräch zwischen dem Fürsorger und Frau Zehnder über mich geredet, war ich wieder wie in Hermiswil und Rümligen zum Lumpen gemacht worden? Es dauerte nicht lange, bis ich im Dorf von den Mitschülern üble Nachreden hören musste: »*Hesch gseh das isch dr neu Verdingbueb bi Zehnder's, was het äch dä gmacht? Däm si Aut suft, drum isch är äs Verdingbuebli.*« Der Schulweg wurde zum Schlachtweg. Bin richtig ausgespielt worden, und weil ich in Hermiswil mit den Pferden gearbeitet habe und dadurch die nötige Kraft zum Anpacken gelernt habe, waren die Auseinandersetzungen mit den Schulkameraden eigentlich kein grosses Problem. Nur: Jeder, den ich gemassregelt habe, hatte Freunde, und ich stand auf einmal vor der halben Klasse da, und die haben mir natürlich brav auf den Ranzen gegeben. Dies wiederum wurde von mir am Einzelnen bei allen Beteiligten zurückgezahlt. Was wurde geredet: *Hier bin ich wieder ungerecht in den Sumpf geraten.* Beim genauen Hinschauen hätte jemand diesen Irrweg von mir stoppen können. Ganz sicher nicht mit Vorhalten und Drohungen, vielmehr ein zielorientiertes Gespräch hätte geführt werden müssen. Vielleicht auch einmal zulassen, dass ich in einer Jugendmusik mitspielen oder Sport treiben könnte. Nur da reichte einfach das Geld nicht – Schluss. *Nie in meiner Verdingkind-Zeit* wurde ich von einer erwachsenen Person auf mein Verhalten angesprochen und wenn, dann nur lauter Vorwürfe, immer wurde ich zum Hauptproblem gestempelt. Die Pflegemutter sagte zu mir, du bist der eigentliche Provokateur und nicht die anderen.

Der Lehrer Walter Klossner war Amtsvormund und hat meinen Pflegeplatz jedes Jahr besucht in Amsoldigen und eigentlich nichts Fehlerhaftes festgestellt. Er war zu mir wirklich sehr gut, hat mich nie geschlagen, nur einmal sagte er zu mir: »*Ich sollte dich klopfen, aber ich mache das bei dir nicht, Christian.*« Doch auch er hat nie über Probleme mit mir gesprochen. *Kam mir immer vor, nur die zweite Wahl* bei den Pflegeeltern in Amsoldingen zu sein, und der Pflegebruder wurde mir immer als Vorbild hingestellt. Dies hat dein Vorgänger besser gemacht, er ist einfach immer besser gewesen. Ich war innerlich wieder konstant in einem Wutzustand, der überhaupt keinen Spielraum für Gutes zugelassen hat.

Das Familienfest war einer von vielen der Höhepunkten der Ungerechtigkeit gegenüber mir, der Verdingbub gehörte nicht dazu – damals sah ich, wie meine Pflegefamilie mit allen Gästen in die Autos stiegen und zur Feier fuhren. Meine Arbeit war, zu Hause zum Hof zu schauen, den Vorplatz wischen, am Nachmittag 6 Wedele machen, am Abend im Stall beginnen. Hier war ich allein und konnte ungestört weinen – zu gleicher Zeit kamen mir die Gedanken in den Sinn: Wie kann ich dieses Verhalten zurückzahlen? Das ist doch ein Teufelskreis, und heute wird mir gesagt, dass ich das einfach vergessen und einmal so akzeptieren soll wie es ist, das ist im Ansatz richtig, aber im Grundsatz falsch. Warum überlasse ich das dem Leser?

Die Episode Reis aus der Alupfanne, der Reis hat immer den Geschmack nach Alu gehabt, und ich finde dieses Essen für mich ungesund. Was geschah? An einem Tag gab es den beschriebenen Reis, und ich habe zwei Löffel voll auf meinen Teller genommen und auch gegessen, der Pflegevater sah das und sagte zu mir: »*Heschnä nid gärn?*« Ich sagte, dass dieser Reis zu essen ist und ich genug habe, danke. Er meinte, dass ich viel zu wenig genommen habe, und er hat mir noch zwei oder drei Löffel voll auf den Teller geworfen und sagte, dass ich diesen Reis jetzt essen müsse. Hoppla, essen muss – *muss* kam in meiner Situation immer ganz schlecht an! Ich habe zu meinem Pflegevater gesagt, dass ich genug habe und diesen Reis nicht mehr essen werde. Dann bekommst du ihn zum Zvieri, genau auch beim Zvieri stand der Reis auf dem Tisch, von mir kaltgestellt – den esse ich nicht. Also bekommst du ihn zum Nachtessen, auch da stand der Reis vor mir. Diesen Reis werde ich euch nicht essen. Am Morgen stand dieser Reis wieder auf dem Tisch, diesen Reis esse ich nicht und ging an diesem Tag auf die Schulreise. Der Pflegevater meinte zur Pflegemutter, pack ihm den Reis ein, sie sagte zum Pflegevater, das können wir nicht machen. Da bekam ich Brot, Cervelats und zum Trinken Tee mit auf die Schulreise. Am Abend nachdem ich von der Schulreise und der Arbeit im Stall zum Nachtessen kam, stand wieder dieser Reis auf dem Tisch. Da sah ich nur noch *Rot*, jetzt lebte jemand ganz gefährlich, mein Pflegevater hatte keine Ahnung von meiner Gewaltbereitschaft. *Am Tisch war ich wie ein Eisklotz*, voller Wut und so gereizt, dass eigentlich meine Pflegeeltern hätten wissen müssen, was jetzt von ihrem Pflegkind an Kraft und Energie kommen könnte. Der Pflegevater, ganz gross und stark, sagte zu mir: »*Christian, und jetzt wirst du diesen Reis essen – sonst werde ich dir diesen in deinen Mund eingeben.*« Meine Antwort war bestimmt und klar formuliert: »*Franz, mach das nicht!«* Ohne nur ein Wort stand er auf und kam zu mir auf die andere Seite vom Tisch und wollte mir den Reis einlöffeln. Hier habe ich ihn noch einmal gewarnt und gesagt, dass er dies lieber sein lassen solle. Er nahm mich in den Würgegriff und ich war mit dem Franz zusammen aufgestanden und habe ihn ohne zu zögern auf den Boden geworfen, er hatte keinen Wunsch gegen mich gehabt. Was ich noch zu diesem Vorfall schreiben muss: Ich habe ihn danach nicht geschlagen, nur am Boden festgehalten bis er zu mir sagte, dass er mir nichts mehr machen werde. Den Reis musste ich auch nicht mehr essen! Das Vertrauen zwischen mir und den Pflegeeltern war endgültig zerstört gewesen. Der Schuldige ist sofort gefunden, der Verdingbub ist an allem selbst schuld.

Ab diesem Vorfall war es nicht mehr so wie vorher, die Gangart wurde aggressiver von Seiten den Pflegeeltern, dies wiederum hat auch im Umfeld im Dorf Spuren hinterlassen. Meine Position wurde nicht einfacher, jetzt war ich absolut schutzlos und hinter der Hand hatten viele noch Freude, wenn ich auf den Ranzen bekommen habe. Aber ich ging zur Schule und kam ja im nächsten Jahr aus der Schule. Mein Versuch, eine Lehrstelle zu finden, wurde nicht unterstützt, habe einfach meine Arbeit gemacht. In Angst/ Verzweiflung dahingelebt.

Was war aus meiner Sicht das Wertvollste: Dass ich oft bei einem Herrn und Frau Wenger, Landwirt, Seematte, Amsoldingen im Auftrag vom Pflegevater ausgeliehen wurde, das hat mein Selbstvertrauen beflügelt. Dass ich im Sommer am Morgen vor der Schule von Hand das Gras mähen durfte, oder am Abend auf dem Käsereiweg bei Frau

Morgenthaler fast jede Woche im Sommer ein bis drei Mal nach genauer Vorgabe Gartenarbeit erledigen musste, oder für die Pflegemutter die Zahlungen auf der Post erledigen konnte. Verantwortung übernehmen und mit Schokolade bzw. mit einem Dankeschön beglückt werden.

Bemerkung: Einen Schlussstrich habe ich erst viele Jahre später bei einem Treffen mit meiner jungen Familie bei Franz und Helene Zehnder in der Seematt, in Amsoldingen, gemacht. Zuletzt wurden wir noch Freunde! Leider musste die Pflegemutter sehr früh sterben, sie hatte meine Familie gern gesehen. Auch der Franz, mein Pflegevater, war später zu mir immer sehr lieb gewesen und hat mir auch ein grosses Kompliment gemacht, wie ich mit meiner lieben Familie heute lebe.

Protokoll:
09/41. 21.12.1960 Studer-Frei Albert, Pappelweg. Albert Studer ist am 17. Dez. 1960 aus dem Inselspital, wohin er vom Spital Thun aus verlegt worden ist, entlassen worden. Die Versicherungsangelegenheit ist geregelt.-

Anfangs Januar kann nun der Knabe Hansueli Studer zu Familie Bühler-Jaun, Ldw., Glütsch zu einem monatlichen Kostgeld von Fr. 50.– placiert werden. Albert Studer ist mit dieser Placierung einverstanden.-

Die Kommission nimmt Kenntnis vom Bericht und stimmt der vorgesehen Placierung zu.-

MEIN KOMMENTAR: Habe Hansueli dort am neuen Ort ein paar Mal getroffen und dabei noch heute sehr schöne Erinnerungen an diese Sonntagnachmittage.

Protokoll:
16/42. 20.01.1961 Studer-Frei Albert, Pappelweg. Am 04. Januar 1961 konnte der Knabe Hansuel Studer zu Familie Bühler, Landwirt, Glütsch zu einem monatlichen Kostgeld von Fr. 50.– placiert werden.– Albert Studer hat im letzten Moment vor der Placierung wiederum Schwierigkeiten machen wollen.–

Hr. Pfr. Jaggi berichtet, dass Frau Studer im Auftrag ihres Mannes bei ihm war. Albert Studer beruft sich immer wieder darauf, dass er seinerzeit die Kinder nur unter der Zusicherung der späteren Rückgabe weggegeben habe.–

Es mag stimmen, dass dem Studer diese Zusicherung abgegeben worden ist. Die Verhältnisse haben aber noch nicht derart gebessert, dass die Rückgabe verantwortet werden kann.–

Die Fürsorgerin berichtet über die Schwierigkeiten bei der Stellensuche für das Mädchen Käthi. Sie macht auch darauf aufmerksam, dass die Eheleuten Studer nun einmal ganz deutlich erklärt wird, dass unter den jetzigen häuslichen Verhältnissen eine Rückgabe der Kinder gar nicht in Frage kommt.

Der Vorsitzende berichtet, dass man mit Studer auch auf dem Arbeitsplatz nicht so gut zufrieden ist. Er will mit nochmals mit Studer die Angelegenheit eingehend besprechen und ihm den Standpunkt der Kommission schriftlich geben.

Die Kommission nimmt Kenntnis vom Bericht und ist mit dem Vorgehen einverstanden.-

MEIN KOMMENTAR: Von diesen Auseinandersetzungen mit der Behörde bekam ich von meinem Vater immer wieder zu hören. Dass er sich bemühte, uns heimzunehmen, war verständlich, was mir aber immer sauer aufgestossen ist, dass er an dem eigentlichen Problem von sich aus nichts änderte. Einfach gesagt! Er konnte diese Situation gar nicht ändern, die Last, die Familie, die Mutter mit der Krankheit, die Wohnsituation, die er mit seinen sehr bescheidenen Finanzen nicht ändern konnte, der Wille etwas zu ändern, überhaupt alles, was er anpackte, war für ihn eine Nummer zu gross geworden. Hopfen und Malz verloren.

Protokoll:
14/43. 07.04.1961 Studer-Frei Albert, 1908, von Zäziwil, Pappelweg. Albert Studer arbeitet nun wieder zu 50%. Er hat in den letzten Tagen auf dem Büro vorgesprochen und das Gesuch um Heimnahme des Kindes Elisabeth erneuert.- Der Kommissionsbeschluss, wonach keine weiteren Kinder nach Hause entlassen werden, wurde nochmals eröffnet.–

MEIN KOMMENTAR: Hatte einfach einen verzweifelten Vater, aber er ist der Einzige, der hier immer das Gleiche wollte und jedes Mal klar Stellung für seine Anliegen nahm. Sein Alkoholproblem war keine Hilfe und schon gar nicht vor den Behörden in Steffisburg. Jede Woche ein Gesuch stellen für die Rücknahme der Kinder aus den Pflegeplätzen und aufs Fürsorgeamt rennen, obschon diese die Rückgabe auf längere Zeit in Abrede gestellt haben und dies noch schriftlich. Kopf- und ideenloses Handeln in allen Bereichen, beim Überlegen der damaligen Zeit kommt mir Einiges in den Sinn, was uns unsere Eltern vorlebten. Bildlich dargestellt wie eine Hundemutter oder Hundevater mit vielen

Welpen, nur Zuschauen – Eingreifen nicht mehr möglich, zu viele *Hundeli* im Raum.

Protokoll:
16/44. 01.09.1961 Studer Hansueli, geb. 1948, Alberts, von Zäziwil, in Pflege bei Fam. Bühler, Glütsch, Zwieselberg.- Vom Zahnarzt Steiner, Thun, ist für Hansueli Studer ein Kostenvoranschlag für die Zahnbehandlung von Fr. 450.- bis Fr. 480.- eingegangen. Das Büro beantragt die Übernahme dieser Kosten, da es sich um eine Zahnregulierung handelt.

Die Kommission leistet Gutsprache für die Zahnbehandlung.-

MEIN KOMMENTAR: Das ist richtig und gut für Hansuelis Gebiss. N. B. Ich wurde mehrmals zum Zahnarzt nach Thun geschickt, bin aus Angst aber leider nur immer bis vor die Tür gekommen. Beim Lesen vom Schild *ZAHNARZT* habe ich Angst bekommen und war ohne Behandlung wieder heimgegangen. Wurde nicht mehr aufgeboten. Bis 1971, da mir bei einer Stelle wegen dem Zustand der Zähne eine Festanstellung verweigert wurde.

Protokoll:
26/45. 17.11.1961 Studer-Frei Albert, 1908, und Kinder, von Zäziwil, Pappelweg 17. Frau Iseli hat Familie Studer aufgesucht. Die Ordnung im Haushalt ist mittelmässig. Käthi Studer absolviert zurzeit bei Frau Schenk vom Gasthof Emmental ein Hausdienstlehrjahr. Der jüngste Knabe Albert Studer, ab hier abgedeckte Zeilen. Marianne Studer, 1956

bei Familie Fahrni, Stotzrüti, ab hier abgedeckte Zeilen. Alle Kinder sind in guten Plätzen untergebracht.

Herr Studer stellt neuerdings das Gesuch, die Behörde möchte ihm das Mädchen Elisabeth Studer, 1950, das im Kinderheim Eichberg ist, heimgeben.

Die Verhältnisse sind jedoch noch so, dass zurzeit diesem Gesuch nicht entsprochen werden kann.

Seit Vater Studer nicht mehr im Konsum-Kohlenmagazin arbeitet und nur zeitweise der Klauenputzerei nachgeht. gehen die Unterhaltsbeiträge für die Kinder nicht mehr regelmässig ein. Es ergibt sich somit pro 1961 eine grössere finanzielle Belastung als 1960.

MEIN KOMMENTAR: Die Zeit ist mir noch schwer in Erinnerung, da mein Vater auch im Thuner Westamt der Klauenputzerei nachgegangen war und ich ihn damals einige Male auf dem Schulweg in Amsoldingen gesehen habe. Es war jedes Mal nicht einfach für mich, denn danach wurde ich von den Mitschülern wegen der schmutzigen Montur und dem Verhalten von meinem Vater ausgelacht und gehänselt.

Protokoll:
17/46. 08.06.1962 Studer-Frei Albert, Pappelweg. Albert Studer teilte dem Büro mit, dass er auf Mitte Juni im Kiental eine Hirtschaft übernehmen werde. Er hat zuerst alle grösseren Kinder (Christian, Hansueli und Elisabeth) heimnehmen wollen. Das Büro konnte im dies jedoch ausreden.–

Inzwischen hat Frau Zehnder aus Amsoldingen mitgeteilt, dass sich der Knabe Christian in der letzten Zeit so aufführe, dass sie ihn nicht mehr länger behalten wollen. Das Büro vertritt nun die Auffassung, dass dieser Knabe mit dem Vater auf die Alp gehen sollte, es hat keinen Sinn, ihn nochmals in einen Pflegeplatz zu geben.–

Herr Gerber bezweifelt, dass Albert Studer die ganze Zeit auf dem Berg macht. Es gibt sicher noch eine Überraschung im Verlaufe des Sommers.–

Die Kommission beschliesst hierauf, den Knaben versuchsweise den Eltern zurückzugeben.-

MEIN KOMMENTAR: Was muss ich hier lesen? Frau Zehnder hat mit dem Fürsorger telefoniert und ihm mitgeteilt, dass ich mich schlecht benehme? Dies stimmte, ich habe mich damals ganz schlimm benommen. Warum, weil ich auf einmal komplett von der Familie ausgeschlossen wurde und einfach ein Fremder war, gehörte sicher nie dazu. Mit 15 Jahren einfach keine Ahnung, was die Zukunft bringt, ist doch gut – ich wusste aber schon, was ich machen würde, ganz sicher würde ich diese Situation ändern.

Hier stand die alte Sennhütte im Faulbrunni Kiental ... Nur noch der alte Brunnentrog übrig ...

Protokoll:

03/47. 22.06.1962 Studer Albert, 1908, Pappelweg. nun Alphirt im Kiental.

Albert Studer hat im letzten Winter einen Verkehrsunfall erlitten, wobei die Abrechnung noch nicht erledigt ist. Im Einvernehmen mit Albert Studer ist nun der Versicherungsgesellschaft *Winterthur* die Lohnausfallforderung im Betrag von Fr. 1200.– gestellt worden. Dieser Tage hat der Schadeninspektor vorgesprochen und erklärt, dass der Unfall anerkannt werde und die Auszahlung der Rechnungssumme demnächst erfolgen könne. Albert Studer hat uns den vorerwähnten Betrag abgetreten zur Deckung der ausstehenden Unterhaltsbeiträge.-

Die Kommission nimmt Kenntnis vom Bericht und ist mit dem Vorgehen einverstanden.-

MEIN KOMMENTAR: Was für ein Wunder, meinem Vater, Alphirt im Kiental, und mir wurde mitgeteilt, dass ich zum Vater heimkönne. – Jetzt kam bei mir Angst auf, ich kann heim zu den Eltern nach Steffisburg? Letzter Tag in der Schule, das letzte Mal in die Käserei usw. Also habe ich meine sieben Sachen eingepackt und war nach Steffisburg gefahren. Zu Hause bei der Mutter Aufbruchsstimmung, die aber getrübt war, denn sie wuchs in Steffisburg auf und war nie an einem anderen Ort gewesen. Für mich gab es wenig Platz in der Wohnung, aber schon morgen würden wir auf die Alp ins Kiental fahren, kannst deine Ware grad eingepackt belassen.

DER HORROR im Kiental, MEIN HORROR BEGANN: Was hat sich mein Vater gedacht? Der Zustand, den ich angetroffen habe in Steffisburg, gab mir bereits grossen Anlass zu zweifeln. Die Überfahrt ins Kiental mit dem damaligen Bergvogt Hans Theiler, von der Hirtschaft im Kiental. Auf der Fahrt zur Alp hatten wir noch Pech, und Hektik kam auf: Wir stiessen mit einem anderen Auto zusammen, nur ein kleiner Blechschaden, dies wurde direkt vor Ort gütlich geregelt, wir konnten weiterfahren. Ankunft beim Käsespeicher im Faulbrunni. Von der Strasse mussten wir noch rund 200 m durch die Weide zur Sennhütte hinauf wandern, bevor wir bei meinem neuen Heim ankamen. Eine schöne grosse Sennhütte, ohne fliessendes Wasser im Haus, kein Strom- und kein Telefonanschluss. WC draussen und unten vor dem Stall, das Haus liegt auf 1005 m üM. und 3100 m hinter dem Dorf, ab dem Dorf geht es zuerst 48 m talabwärts und danach 188 m aufwärts, für diesen Weg sind gute 50 Minuten Fussmarsch nötig (1 Std.), dies ist ab Montag mein neuer Schulweg, den ich am Morgen und am Abend laufen darf. Kein Postauto oder Schulbus vorhanden. Mit meinen Sachen landete ich auf der Alp. Ganz tief unten im Leben angekommen, meine letzten Jahre in Hermiswil und in Amsoldingen waren vorbei und in mir kam die Frage auf: Was werde ich in den nächsten Monaten hier im Kiental erleben?

Der Bergvogt, der Burger Bäuert, Faulensee, hat mit dem Vater und mir die Arbeiten auf den Alpen besprochen. Den Rahmen der Alp in einzelnen Abläufen festgelegt, wie lange wir auf der 1. Alp zugleich neuer Wohnort, Faulbrunni, 2. Alp Haussener, 3. Alp Unterer Gumpel und 4. Alp Oberer Gumpel weiden müssen und danach wieder zurück ins Tal auf die 1. Alp Faulbrunni. Es sind dies rund 100 Tage, also ca. vier Monate, und wir werden ca. 50 Gusti, 30 Rinder, 15 Kälber und 11 Ziegen, total zwischen 89 max. 106 Tiere mitnehmen. Aufgaben wie Zäuneerstellen, Brennholzbeschaffung, Heuwiesen, Wasserbezug bei den einzelnen Sennhütten, wo Zisternenwasser vorhanden und wo nicht usw. Aufgaben, die mein Vater erledigen musste? Erschwerend kam dazu, dass damals keine Alp eine Zufahrtsstrasse besass und alles Material getragen oder mit einem Maultier oder Pferd transportiert werden musste.

Mein Gefühl: Hier ist kein Platz mehr, ein Jugendlicher zu sein, die Pubertätssorgen waren sofort abzulegen. Der Zeitplan wie in den Pflegeplätzen vergessen, hier kommt ein Mehrfaches an Arbeit auf mich zu. Ein Arbeiter, der seit dem 14. August 1957 nichts anderes gemacht hat, als auf dem Feld, im Wald, im Stall, mit dem Traktor oder den Pferden gearbeitet hat und voll zum Chrampfen ausgebildet war, nicht pröbeln oder nur versuchen, nein 1:1 umsetzen und ja keinen Fehler machen, das wäre für die Aufgaben, die dem Vater übertragen wurden, schädlich gewesen. Aber ich war jetzt beim Vater und der Mutter, die etwas Neues angefangen hatten, ja, es war sicher nicht die Mutter, die das wollte, nein, es war der Vater, der diese Idee, die er schon seit vielen Jahren im Kopf hatte und jetzt umgesetzt hatte, zum Leidwesen der Mutter, die musste einfach spuren und das schon seit der Heirat im Jahr 1944.

Protokoll:
18/48. 20.07.1962 Studer-Frei Albert, 1908, zur Zeit Alphirt im Kiental.–

Herr Käser berichtet über den Besuch im Kiental. Leider konnte in den Haushalt keinen Einblick genommen werden, weil eine obere Alp bezogen worden ist. Albert Studer war in der unteren Hütte beim Mistverteilen. Er hat das Gesuch gestellt für die Heimnahme der beiden Mädchen vom Kinderheim Eichberg und Sunneschyn. Dem Albert Studer wurde erlaubt, die beiden Mädchen für 14 Tage in die Ferien zu nehmen. Der Hin- und Rücktransport wird durch den Kommissionssekretär organisiert.-

Der Abschluss mit der Unfallversicherung konnte nun gemacht werden, Fr. 840.– sind als Beitrag an die Kostgelder für die Kinder zurückbehalten worden und Fr. 160.– erhielt Albert Studer als Schmerzensgeld ausbezahlt.-

Die Kommission nimmt Kenntnis vom Bericht und stimmt der Ferienregelung zu.–

MEIN KOMMENTAR: Kein Wort über den Jugendlichen Christian, der nun bei den Eltern ist. Wir waren jetzt bereits mit den Tieren auf der Alp Haussener auf 1412 m üM. angekommen, und im Anfang musste ich wegen fehlender Alpdispens von hier oben ins Kiental Dorf zur Schule gehen. Dieser Weg war um einiges länger als vom Faulbrunni aus. Am Morgen ins Kiental und am Abend nach der Schule wieder zurück, und nachdem ich daheim im Alp Haussener ankam, umziehen, und jetzt ging es zu den Schattställen, dort musste das Vieh auf die Weide gelassen werden und die Ställe gereinigt werden. Danach wieder zur Sennhütte hinauf und Nachtessen, nach dem Essen sofort ins Bett, war damals recht müde geworden. Am Morgen wieder früh aufstehen und zu Fuss in die Schule gehen, damals konnte ich nicht mehr beim Vieheintreiben und Stallen helfen. Hier ist noch zu erwähnen, dass in den ersten Jahren noch keine Strasse ab Kiental Dorf über die Längschwendi zur Alp Gürmschi hinauf gebaut war, also hiess es den ganzen Weg zu Fuss gehen. Auf dem Schulweg der obligate Halt bei der lieben Familie Ritter, auf der Alp Ballenen, oder kurz ein paar Worte bei der Familie Oswald, auf der Alp Längschwendi, am Weg. Diese beiden Familien haben mir immer Mut gemacht und Unterstützung geleistet. Für mich eine sehr schöne Zeit, in der es aber von der Arbeit her sehr schwer und hart war.

Mein Verhältnis zu meinem Vater, bei dem ich bereits mehrere Wochen daheim als Knecht im Einsatz war. Wir konnten es gut zusammen und sprachen über alles, was uns der Tag brachte, über die Tiere, das Gras, den Mist in den Jauchegruben, die Zäune mit Stacheldraht, die Gatter, die neu erstellt werden mussten, den Transport mit dem Pferd, das bereits nach wenigen Tagen wieder dem Eigentümer zurückgegeben werden musste, da sich dieses Reitpferd gar nicht zum Pasten (Transportieren von Material) geeignet hatte. Die Arbeiten auf den Alpen waren vielseitig und für uns sehr anspruchsvoll, einfach ein grosser Krampf! Die Mutter half soweit sie konnte und versuchte, den Haushalt für uns drei einigermassen zu führen, was nicht leicht war mit dieser Holzfeuerung mit einem Dreibein-Ring für eine Pfanne. Nur erwachte ich sofort blitzschnell aus dem Tiefschlaf, und es kam mir alles auf einmal ganz gewohnt vor, dies habe ich doch bereits einmal erlebt? Was für eine Ernährung, die mir jetzt daheim wieder aufgetischt wurde, es hatte sich tatsächlich seitdem ich im Jahr 1957 von zu Hause wegging, nicht viel verändert: Kein Gemüse, kein Obst oder Früchte, oft nur Haferflocken, Teigwaren, Reis, Mais, denn eine abwechslungsreiche Mahlzeit mit Gemüse und Früchten stand mir nicht mehr zur Verfügung, das habe ich in den Pflegeplätzen aber alles abwechslungsweise bekommen.

Neu für mich war auch, dass ich die Post selbst im Postbüro abholen und gleich auf der Poststelle öffnen und sortieren musste, weil die Eltern den ganzen Sommer nie ins Kiental Dorf hinunter gingen. Ich war nur einmal in der Woche zum Einkaufen ins Dorf hinunter gegangen. Aus diesem Grund öffnete ich die Post direkt im Postbüro und habe vieles dort beantwortet. Wir hatten auch keine Telefonverbindung auf den Alpen, nicht einmal auf der Alp Faulbrunni, wo wir auch im Winter gewohnt haben. Das Material (Proviant) für die Eltern musste ich am Samstag selbst auf dem Rücken ab dem Kiental Dorf auf die Alpweiden hinauftragen oder konnte es später mit dem Maultier transportieren, dies im Alter von 15 Jahren. Für eine dreiköpfige Familie. Für die Alp Oberer Gumpel nahm ich den Sessellift bis zum Restaurant Ramslauenen, von da über die Alp Chüematti, Unterbachli und Oberbachli; leider gab es Sommer, da diese Anlage nicht im Betrieb war, und da musste alles ab dem Dorf auf die Alp Obere Gumpel, die auf 2091 m üM. liegt, getragen werden. Sehr, sehr hart. Oft lief und trug ich die Lasten am Limit, nur noch schwieriger war es beim Mistaustragen mit der *Bräntä,* die zwischen 50–80 kg schwer waren, aber der Weg war kürzer. Der Weg vom Dorf Kiental auf den Oberen Gumpel war steil und lang, nur ein wesentlicher Unterschied, die Lebensmittel waren sauber zum Tragen. *Der SCHLACHTPLAN:* Mein Vater wünschte sich seit Jahren, dass er seine Kinder alle zusammen daheim haben könne und tat einfach auch (fast) alles dafür, auch Einiges, dass nicht so schön war. Er erzählte mir über den Plan, wie er die beiden Mädchen Elisabeth im Kinderheim Eichberg, Uetendorf und V. im Sunneschyn, Steffisburg, im Sommer zu uns ins Kiental in die Ferien nehmen wolle. Das Gesuch bzw. den Wunsch, diese beiden auf die Alp Obere Gumpel ins Kiental zu nehmen, stellte er umgehend an die Vormundschaftsbehörde in Steffisburg. Wir waren damals mit dem Zaunerstellen auf der Alp Untere Gumpel beschäftigt und abseits von der Alphütte, und machten auf einem schönen Plätzli eine Pause, mit Blick zur Blüemlisalp und dem Gspalthorn hinüber. Er sagte zu mir: »Christian, das, was ich dir jetzt sage, musst du für dich behalten und kein Wort der Mutter oder an jemand anderes.« – »Vater –

versprochen, von mir hört niemand ein Wort von diesem Gespräch«. »Wenn Elisabeth und die V. zu uns auf die Alp Obere Gumpel dürfen, gehen diese nie mehr in die Heime zurück.« Den positiven Bescheid bekam ich per Post, bereits nach kurzer Zeit auch die Formalitäten, wann sie ins Kiental Dorf gebracht werden und an welchem Tag und die Zeit, wann sie wieder abgeholt werden für den Rücktransport in die Heime. Ich war allein im Dorf unten auf der Post, wo ich die Post sortierte und als erster die Meldung gelesen habe. Der Weg vom Kiental Dorf zur Alp Untere Gumpel war lang und die Last schwer, meine Gedanken waren bei den beiden Geschwistern, die ich seit dem Frühling 1957 nur einige Male gesehen hatte, sie waren mir fremd geworden. Ich war ja seit dem Frühjahr bei den Eltern und hatte in dieser Zeit das alte Familienmuster von Steffisburg wieder hautnah erlebt und fühlte mich irgendwie wieder wehrlos, dem Vater hörig bis hinunter an den Rand vom Abgrund. Was werden wohl meine Geschwister zu diesem doch fremden Betrieb auf der Alp sagen, wo es keine warmen Zimmer gab, keine vornehmen Lavabos, kein Badezimmer mit WCs usw. Ich konnte es mir einfach nicht vorstellen, ob diese Entscheidung des Vaters für diese beiden Mädchen die richtige war. (Für sie sicher vorerst ein Kulturschock!) Meine Hypothek mit dem Plan vom Vater nahm bereits hier ganz gezielt Formen an, und ich wusste gut umzugehen damit. Jetzt nur keine Fehler machen, die Schreiben lesen von der Fürsorge in Steffisburg. Konnte nicht zurückrufen, denn das Vormundschaftsbüro in Steffisburg war an Samstagen geschlossen, das hiess, dass ich am Montag wieder ins Dorf hinunter und dem Fürsorger telefonieren musste. Denn die Übergabe musste jetzt organisiert werden, damals lief praktisch alles in unserer Familie über mich, und ich wusste darum genau Bescheid was lief. Auch in diesem Fall wusste ich, wann sie gebracht und auch wieder gehen mussten. Für mich spannend!

Konnte die beiden Schwestern am 26. Juli 1962 im Kiental Dorf, beim Postbüro vom Fürsorger in Empfang nehmen und wurde dahingehend beauftragt, ihm die Kinder am 11. August 1962, 11:00 Uhr wieder an dieser Stelle im Kiental Dorf zurückzubringen. Ja, selbstverständlich, ich bringe diese wieder fristgerecht ins Dorf zurück. Was ich fühlte, was ich in mir trug, welche ungeheure Last so einer Vertrauensperson brandschwarz ins Gesicht zu leugnen, das war nicht der Christian – das war der Teufel! Hatte die beiden bei mir und kann mich heute gar nicht an diesen Tag erinnern, es waren meine Schwestern, aber ich kannte sie nicht mehr, sie waren mir fremd geworden. *Überfordert? Ja, aber zugeben? Nein!* In meinem Kopf spielten damals ganz andere Gedanken eine viel grössere Rolle, und ich wusste nicht, wie sich die beiden Mädchen im Älpler Alltag behaupten würden, es ist eine raue und harte Arbeitsumgebung, mit viel Unannehmlichkeiten, Wetter, Dreck usw., mit denen sie bereits ab der ersten Sekunde mit mir jetzt konfrontiert waren. Der Weg auf die Alp Untere Gumpel führte uns zuerst ins Faulbrunni und anschliessend über den Bergweg hinauf. Zudem hatte ich in diesen ersten Stunden ein sehr grosses Mitgefühl für die beiden Schwestern und wusste, dass sie ihre Heime, Schlafzimmer, Schulfreunde, Heimbewohner usw. ganz sicher in den nächsten Jahren nie mehr sehen oder überhaupt noch etwas von ihnen hören würden. Ich war einfach damals ein überforderter Junge mit einem enormen Herzen. Wurde vom Vater instrumentalisiert und schonungslos missbraucht. *Leider muss ich sagen – sehr traurig und erdrückend. War hier bereits traumatisiert,* habe ja im Juli nur den Brief gelesen mit den Eckdaten, wie alles mit der Übergabe und der Rückgabe ablief, nur jetzt waren die beiden angekommen, und ich kannte das Drehbuch und die Wahrheit. Hier war ich allein an der Front, auf dem Weg zur Alp Untere Gumpel, dachte ich und weinte oft für die beiden, weil sie nicht mehr in die Heime zurück dürften nach 14 Tagen. – Angst, Freude, meine Beine wurden schwer auf dem Weg. Wir hatten die Weiden von uns erreicht, und hier konnte ich den beiden erklären, dass unser Vieh durch den Tag in den Ställen war und am Abend sicher in Zukunft auch von ihnen beiden wieder auf die Weiden gelassen würde. Ferien sahen sicher anders aus auch für die zwei, in ihren schönen Kleidern vom Heim. Beim Vater angekommen, dieser war überglücklich, dass die beiden jetzt bei ihm waren. Ich konnte nicht lange reden, denn ich musste wieder in den Schattstall hinunterrennen und die Tiere aus dem Stall lassen und den sauber machen. Erst nach 1 1/4 Stunde kam ich wieder heim, wo die beiden bereits im Stall beim Vater zusehen konnten, was sie in der nächsten Zeit erwartete. Was in mir vorgegangen ist, was ich damals dachte, wurde nicht gesehen, und für mich war es eigentlich ein schwarzer Tag und ohne Worte! Weil es für die beiden Mädchen am Schluss von ihren Ferien zu einem einschneidenden und vielleicht folgenschweren Ereignis käme. Was zu dieser Zeit nur der Vater und ich wussten, und wir beide überhaupt nie mehr darüber ein Wort gesprochen hatten.

Dieser Umstand machte die ganze Situation für alle Beteiligten nicht einfacher, im Gegenteil, das musste irgendwann zum Knall kommen. Warten wir es ab ...

Protokoll:
14/48. 24.08.1962 Studer-Frey Albert, geb. 1908, z. Z. Alphirt im Kiental.–

Der Kommissär orientiert eingehend über die Verhältnisse in der Familie Studer. Nachdem die Pflegeeltern Bühler, Glütsch erklärt hatten, dass sie Hansuli nicht mehr weiter behalten möchten, wurde Hansuli am 11.08. zu seinen Eltern ins Kienthal gebracht. Mit Studer wurde vereinbart worden, dass er an diesem Tag die beiden Mädchen Lisebeth und Vreneli ins Tal hinunterbringen würde, damit diese wieder in ihre Pflegeplätze zurückkehren könnten. An diese Abmachung hat sich Studer aber nicht gehalten und die Mädchen nicht gebracht. Am 13.08. sind Herr Kohler und die Fürsorgerin zu Studer auf die Alp gestiegen, um nochmals eingehend mit ihm zu sprechen und zu verhandeln. Leider blieb Studer uneinsichtig und erklärte, dass er die beiden Mädchen auf keinen Fall mehr herausgeben würde. Er hat sogar mit Selbstmord gedroht.

Arbeitsmässig ist Studer sehr stark belastet. Es fehlt ihm an allen Ecken an Leuten, da diese Hirtschaft zahlenmässig mehr Arbeitskräfte erfordert als ihm zur Verfügung stehen. Die beiden Mädchen sind ihm aber keine Hilfe. Zudem weiss Studer immer noch nicht was er im Winter treiben wird, so dass die Zukunftspläne für Familie Studer noch sehr vage sind. Nach dem man bedenkt, wieviel Zeit, Arbeit und finanzielle Mitteln für diese Familie bis dahin aufgewendet werden musste, dürfen wir nicht einfach tatenlos zusehen und Studer nachgeben. Die Kommission muss deshalb heute Abend einen Entschluss fassen. Es gibt zwei Möglichkeiten: Entweder wir distanzieren uns und Studer soll in Zukunft selber schauen, wie er mit seiner Familie zurechtkommt, oder es müssen vormundschaftliche Massnahmen eingeleitet werden.

Die Kommission beschliesst diese an die VB weiter zu leiten, zwecks Einleitung vormundschaftlicher Massnahmen.

MEIN KOMMENTAR: Der Samstag, 11. August 1962, für mich ein Tag, den ich sicher nie vergessen werde. Am Morgen startete ich ohne meine Schwestern auf der Alp Obere Gumpel auf 2091 m üM., lief zur Sesselbahn Ramslauenen und fuhr ins Kiental Dorf hinunter und war zur rechten Zeit bei der Poststelle zur Übergabe bereit, aber wie gesagt ohne meine beiden Geschwister. Mein Vater gab mir genaue Anweisungen, wie ich mich zu verhalten hatte, eine Möglichkeit war ja, dass der Fürsorger von Steffisburg mich als Pfand mitnehmen könnte. Nur hatte ich ja meinen Bruder Hansueli, den ich schon lange nicht mehr gesehen hatte, aber wir wären ohne Absprache bei einer tätlichen Auseinandersetzung sofort bereit, einander beizustehen.

»Wo sind die beiden Mädchen, Christian?«, fragte mich der Fürsorger, und dabei war damals noch die Fürsorgerin von Steffisburg. Meine Antwort: »Die sind beim Vater auf der Alp Obere Gumpel und kommen nicht mehr zurück, hat mir unser Vater gesagt. Ich soll dies Ihnen mitteilen.« »Dann müssen wir Sie holen, wo sind sie?« »Beim Vater auf 2142 m üM.« »Ich muss die beiden Mädchen holen und zwar heute, zeig mir den Weg zu ihnen«, also gingen wir. Ich wusste den schnellsten Weg zur Weide, wo sich mein Vater aufhielt, nur wurde ich eben von ihm angehalten, den beiden das Tal zu zeigen und Wege zu nehmen, die den ganzen Tag Wandern beinhalteten. Der Fürsorgerin wurde dies auf einmal zu viel. Sie verliess uns auf halbem Weg und ging allein ins Dorf zurück. Wir drei liefen weiter wie Schlendrian über Weiden, nur nie nach oben, einfach hin und her auf gleicher Höhe, was er vorerst nicht bemerkte. »Geht es noch lange, bis wir beim Vater sind?«, fragte er mich. »Ja, sicher noch eine Stunde«, habe ich gesagt, »Ja, dann muss ich halt wieder den Rückweg antreten und ins Kiental Dorf hinunter und heimfahren.« Er übergab mir Hansueli und hat mir gesagt, dass er am Montag die beiden Mädchen bereits um 09:00 Uhr hier bei der Poststelle im Kiental Dorf holen werde und ich ihm die beiden bringen müsse: »Verstanden, Christian?« Habe ihm gesagt, dass ich dies nicht glaube, dass ich die beiden am Montag hier hinunterbringen würde. »Das wollen wir dann sehen«, meinte Fürsorger zu mir. Hans Ulrich und ich haben unsere Sachen geladen, und stiegen zusammen wieder auf Alp Obere Gumpel hinauf, was war mein Gefühl? Angst – Angst – schlimm! Es wäre doch etwas Schönes, wenn wir als richtige Familie wieder zusammen sein könnten. Ja, das wäre schön – nur waren wir ja keine Familie, was wir immer noch waren: verwahrlost! (Meine ganz persönliche Interpretation!)

Niemand kann sich vorstellen, was meine Gefühle sind für diese Familie, ich krampfe fast bis zum Umfallen. Der Vater war mit dem Vieh beschäftigt und Zäune erstellen, am Morgen bereits um 03:00 Uhr musste er aufstehen, hüten.

Da ich lieber am Abend beim Vieh bis 00:30 Uhr gehütet habe, dafür am Morgen etwas länger schlafen konnte.

Das, was oben im Protokoll steht wegen der beiden Mädchen, dass die beiden keine Hilfe für den Vater sind, ist eine grobe Verleumdung und eine himmeltraurige Aussage. Was diese beiden aus den Kinderheimen bei uns zu Hause geleistet haben, muss ich als Musterarbeit einstufen. Erstens kannten beide in wenigen Tagen alle Tiere, wussten von welchem Bauern diese zu uns gebracht wurden, beim Stallen wussten sie, bei welcher Tür und an welchem Platz sie hingehören. Das habe ich in den Jahren im Kiental noch im Herbst nicht gewusst. Ich habe keine Zeit gehabt, mir dies zu merken, in den Stall treiben und am Abend losbinden und Ställe reinigen, das war alles. Meine Aufgaben waren die Wege frei zu machen, Zäune aufstellen und ablegen, zum Vieh schauen/hüten, den Mist auf den Alpen ausbringen, unten im Dorf Kiental einkaufen, die Post holen, soweit möglich vor Ort erledigen was ich konnte und Transporte ausführen. Holz- und Pfähle rüsten, eigentlich die schweren Arbeiten auszuführen.

Am Montag, den 13. August 1962, 09:00 Uhr, im Kiental Dorf, bei der Poststelle angekommen, und der Fürsorger von Steffisburg war allein am Warten. ALLEIN? Owetsch, das kommt doch nicht gut. »Christian, du bist wieder ohne Elisabeth und Veronika da.« – »Ja, ohne meine Schwestern«, der zornige Blick vom Fürsorger und dazu die Frage: »Wo sind die beiden Mädchen?« – Meine Antwort: »Die sind im Obere Gumpel, aber wo genau sie sind, das ist die Frage, denn diese Alp ist über mehrere Geländeebenen verteilt und es würde mehrere Stunden brauchen, um jeden Punkt zu erreichen«, heute schlug die Stunde der Wahrheit. Ich nahm damals den direkten Weg zum Alp Mittlere Gumpel, 2052 m üM., und wir waren schneller unterwegs. Nur im Gegensatz zum ersten Mal war heute der Fürsorger allein gekommen. Nirgends stand von diesem Besuch in den Protokollen, was mich ein wenig erstaunt. Was der Fürsorger zu diesem Zeitpunkt nicht wusste: Die beiden Mädchen waren gar nicht beim Vater, er hatte sie irgendwo an einem sicheren Ort in seiner Nähe versteckt.

Der Abschluss einer Tragödie, die beinahe für alle Beteiligten in einer Katastrophe geendet hat. Dieser Vorfall wurde ganz bewusst verfälscht und falsch protokolliert. Im Protokoll vom 24.08.1962 ist von einer Selbstmorddrohung geschrieben, diese Drohung wurde nie ausgesprochen. Der Vater hat keine solche Drohung ausgesprochen, seine Handlung und sein aktives Verhalten war zu diesem Zeitpunkt viel schlimmer! Ich wusste, dass sich mein Vater kein Leid antun würde, sonst hätte er dies schon längst gemacht. Wenn dieser Vorfall genau protokolliert und wahrheitsgetreu abgefasst wäre, hätten die Behörden damals unseren Vater bereits an diesem Tag verhaften lassen müssen, und er wäre im Zuchthaus gelandet. Albert Studer, der Vater, hat uns bereits eine halbe Stunde beim Aufstieg zugeschaut und sich ganz bewusst einen schönen Platz für dieses Gespräch (Auseinandersetzung) ausgesucht. *Seine Utensilien* zum Zäuneerstellen mitgenommen. Was war denn da dabei? Ein Beil, ein Schlägel zum Pfähleeinschlagen usw., alles gefährliche Utensilien. *Das war kriminell und in keiner Art und Weise zu rechtfertigen, aber der Zorn bei unserem Vater und das Gefahrenpotenzial in ihm war doch all-*

gegenwärtig und spürbar gewesen. Dass es beim Fürsorger von Steffisburg nicht klick gemacht hat und ihm aufgefallen war, in welchem Zustand und mit was für einer Wut im Bauch mein Vater auf uns gewartet hat, nachdem ihm über Jahre die Wünsche für die Heimnahme der eigenen Kinder verwehrt wurden. Zweitens: Warum nahm der Fürsorger keine weitere Amtsperson, z. B. einen in zivil bekleideten Polizisten für diese heikle Mission mit zu uns auf die Alp ins Kiental?

Was jetzt ablief, wurde bereits am Tag, wo die beiden Mädchen das OK bekamen, zu uns ins Kiental in die Ferien zu kommen, genau geplant. Ich wusste davon und würde dem Vater in jedem Fall helfen, das war damals keine Frage, ich wurde von unseren Pflegefamilien und auch von anderen Leuten zu oft unkorrekt behandelt. *Wir haben den Vater allein angetroffen:* Nach der Begrüssung drohte der Fürsorger ohne Umschweife sofort mit rechtlichen Konsequenzen für unserer Vater, wenn er ihm jetzt die Kinder nicht zum Rücktransport mitgeben werde, würde gegen ihn ein Verfahren eröffnet. – Zu spät und zu viel für Albert Studer – hier zog er ein für alle Mal die Notbremse:

EREIGNIS AUF DER ALP

Unser Vater stand mit dem Beil in der Hand auf und brüllte ihn an: »*Wenn du jetzt noch einmal das Wort – ich nehme die beiden Mädchen mit – in den Mund nimmst, schlage ich dir das Beil durch den Kopf, ich habe jetzt genug von euch.*« Der Fürsorger wurde kreidebleich wie eine Leiche, und wie versteinert sass er am Boden und konnte sich in keiner Weise davonmachen, ich sass neben ihm, diesen Mann hät-

ten wir dort schlimm zugerichtet. Das war alles, was der Fürsorger von Steffisburg noch sagen konnte: *»Nein – Albert, ich nehme dir die beiden Mädchen nicht mit«*, er konnte nichts mehr sagen. Mir tat dieser Herr wirklich leid, dies hatte er einfach nicht verdient, er machte ja seine Arbeit und dies war in unserer Familie auch nicht leicht, habe dem Fürsorger viele Jahre später einmal beim Dorfbrunnen in Steffisburg für seine Arbeit gedankt. Meine Rolle beim Vater, bis ich das zwanzigste Altersjahr erreicht habe, war ein Spiessrutenlauf und eine sehr harte Zeit!

Der Fürsorger verliess die Alp ohne grosse Worte, und der Regierungsstatthalter vom Niedersimmental gab unserem Vater recht und d'Elisabeth und V. mussten nicht mehr in die Heime zurück.

Im Herbst 1962 verliessen wir das Kiental mit der Begründung, dass die Alp für uns zu streng war. Eigentlich eine weise Entscheidung, ob es dem Vater gelingen würde, aus der Schlinge zu kommen, war mehr als fraglich!

Ein Bericht, der nicht mit einem Datum versehen ist:

IV. Bericht der Fürsorgestelle Steffisburg:
(Ausführlicher Bericht über Familienverhältnisse, bisherige Erziehung, Erziehungsschwierigkeiten, Begründung Einweisung.)

Mit der Familie Studer müssen wir uns seit mehreren Jahren befassen. Die Mutter, eine untüchtige Hausfrau, vernachlässigte ihre Kinder und den Haushalt dermassen, dass im Frühling 1957 sämtliche Kinder der Familie in Pflegeplätze oder Kinderheimen untergebracht werden mussten.

IV. Milieu: (Äussere und innere Voraussetzungen für die häusliche Erziehung, Wohnortwechsel usw.)

Im Frühling 1957 mussten alle Kinder weggenommen und in Pflegeplätze od. Heime untergebracht werden.

Protokoll:
02/49. 16.11.1962 Studer-Frei Albert, 1908, von Zäziwil, wft. Schönentannen, Rüschegggraben, Wislisau.

Am 1.11.1962 hat Albert Studer seine Wohnung am Pappelweg geräumt, ohne uns eine Mitteilung zu machen und die seine Effekten nach dem Kienthal gezügelt. Wir haben darauf die Schriften nach Reichenbach, der zuständigen Gemeinde, gesandt.

Am 08.11.1962 telefonierte Frau Winkler, die Pflegemutter von Albertli Studer, dass heute Studer bei ihnen vorbeigekommen sei und gemeldet habe, dass er anderntags nach Rüschegggraben zügeln werde, wo er eine kleine

Hirtschaft übernommen habe. Von der Gemeindeschreiberei Rüschegg haben wir bereits den Bericht erhalten, dass sich Studer dort gemeldet habe. Wir werden der neuen zuständigen Behörde einen eingehenden Bericht über die familiären Verhältnisse abgeben. Die Pfleggelder für die beiden Kinder Marianne und Albertli müssen von der neuen Gemeinde übernommen werden.

MEIN KOMMENTAR: Der Umzug vom Kiental nach Rüschegg-Graben, es konnte alles auf einen Lkw-Kipper geladen werden, zuerst wurde die Ware in Steffisburg geholt und nach Rüschegg-Graben, Bärenwartstöck geführt. Wir mussten zur Schule gehen und konnten dabei nicht helfen, erst als wir vom Kiental nach Rüschegg-Graben umzogen, waren wir dabei. In Rüschegg-Graben, Bärenwartstöck, bewohnten wir ein kleines Bauernhaus mit Küche, Wohnzimmer und Schlafzimmern, eigentlich schön. Anders als im Kiental – für meine Begriffe schon fast Luxus – und ums Heimwesen herum war Wald, hinter dem Haus ein Hügel, wo wir keine weitere Sicht mehr hatten. Alles anders als im Kiental mit den Bergen usw., mein erster Eindruck: Eine Katastrophe, wie oft meine Frage, wo führt dieser Weg hin? Alles offen, keine Sicherheit, wie auf der Flucht. Die finanziellen Verhältnisse von unseren Eltern waren miserabel und trostlos, wir mussten immer schmal gurten.

Am Montag mussten wir zur Schule, der Schulweg kürzer und auch anders als vorher, jetzt waren wir wieder mit anderen Kindern auf dem Weg zur Schule unterwegs. Wir hatten es gut im Rüschegg-Graben und waren dort gerne zur Schule gegangen. Neue Freunde, und es waren damals wirklich Schulfreunde. *Aber ein Wermutstropfen* kam nur kurz danach auf: Im Hintergrund laufen Briefwechsel zwischen den Behörden von Steffisburg, Reichenbach im Kandertal und der Gemeinde Rüschegg. Die Stimmung in der Bevölkerung und besonders bei den Kindern hatte sich zusehends verändert. Unser Verpächter besass das Restaurant Wislisau, Rüschegg-Graben, und ich nehme an, dass dieser von der Gemeinde Rüschegg informiert wurde, was er für eine Familie in die Gemeinde Rüschegg geholt hatte. Sonst hätte der Wirt von der Wislisau unserem Vater nicht so schnell wieder gekündigt. Dies wiederum ging wie ein Lauffeuer über die Gaststube in die umliegenden Höfe/Familien.

Mein Vater brauchte mich für Vieles, wenn es um Probleme mit den Behörden ging, er sagte mir, was ich zu sagen hatte oder was ich machen musste, um abzulenken. Zum Schauspieler geformt und kann seine Theater vorführen, eigentlich ein schwieriges Unterfangen von mir gegenüber diesen Amtsleuten. Der Vater musste für die frisch geborenen Kälber den Zuchtbuchführer anrufen, da dieser jedem eine Ohrmarke verpassen musste. So kam der Tag, an dem bei uns im Stall diese Arbeit gemacht werden musste. Herr Christian Pauli kam zu uns, um das frisch geborene Kalb zu markieren. *Die Lüge oder die Wahrheit?* Jedenfalls weiss ich, seitdem ich am 03. Oktober 2018 einen Brief per Post erhalten habe, einiges mehr über den Fall Rüschegg – und musste schmerzhaft erfahren, wie mit mir dort umgegangen wurde. *Genaue Adresse, die von den Behörden* nicht korrekt wiedergegeben wurde?
Adresse im Rüschegg: Bärenwartstöck, Rüschegg-Graben.
Die Alp wäre: Schönentannen.

Der Eigentümer wohnte: Rest. Wislisau, Rüschegg-Graben. (Dies nur zur Richtigstellung)

Von Rüschegg-Gambach nach Rüschegg-Graben hinunter, jeden Schultag 2-Mal ...

Protokoll: 04/50. 21.12.1962 Studer-Frei Albert, 1907, von Zäziwil, nun Rüschegg.

Der Kommissionssekretär verliest das Schreiben der Fürsorgekommission Rüschegg, aus welchem eindeutig hervorgeht, dass die dortige Behörde die Familie richtig betreuen wird. Vorsorglicherweise hat die Vormundschaftsbehörde Rüschegg bereits einen Beschluss gefasst, wonach die Kinder Albert und Marianne nicht aus den bisherigen Pflegeplätzen genommen werden dürfen.–

Die Kommission nimmt Kenntnis vom Bericht.–

MEIN KOMMENTAR: Die Familie Studer wird in der Gemeinde Rüschegg richtig betreut. Das ist noch einmal ein

Gang höher geschaltet und für mich eine der grössten Lügen und kann durch nichts übertroffen werden. Fakt ist: Die Behörde vom Rüschegg legte dem Eigentümer von der Liegenschaft Bärenwartstöck, Rüschegg-Graben nahe, unserem Vater zu kündigen, um ihn von der Gemeinde fernzuhalten. *Meine Wut* über diese damaligen Behörden in Bezug auf unsere Familie. Hier muss ich die Personen, die diese Sauerei durchgeboxt haben, in Schutz nehmen. Die Kommissionen sind die Urheber dieser Tragödie in unserer Familie, weil sie einfach nicht gehandelt haben und wenn, dann sehr, sehr fraglich. Das muss ich hier nicht einmal beschreiben: *Einfach schlimm, mit der Wegweisung wurde meiner Familie ein ganz schlechter Streich geleistet, untermauert meine Meinung, dass niemand im Stand war, unserem Vater zu helfen!* – Ich lasse auch nicht zu, dass man ihm nicht helfen konnte, warum der Satz in den Protokollen: *Wir haben Studer klargemacht und werden andere Schritte unternehmen!* Meine Frage: Welche Schritte? *Mein Vater musste nicht einfach betreut werden, nein, der Handlungsspielraum für sein Verhalten war immer voll zur Verfügung, die Zeche bezahlten wir Kinder und der Steuerzahler.*

Sei es in Steffisburg, Reichenbach im Kandertal oder Rüschegg, diese Behörden hätten von Amtes wegen oft viel mehr Möglichkeiten gehabt, etwas Griffigeres zu entscheiden, nein, ums Himmels Willen, da soll jetzt Steffisburg schauen. Aber wie geht es heute im Jahr 2019 zu und her? Diese Behörden u. a. m. verstecken sich hinter dem Persönlichkeitsschutz und pochen auf die Selbstverantwortung, und der Gesetzgeber schaut einfach zu. *Nichts wird unter-*

nommen, bis das ganze System unterwandert ist, und es nur noch Verlierer geben kann.

Meinem Vater hätte ich ganz klar alle Vollmachten entzogen, warum hat diese Behörde unsere Mutter erst beim siebten Kind unterbinden lassen? Dem Vater wurde immer zugehört, und er vertröstete alle, dass er schon bereits nächste Woche alles regeln könne. Er war ein super Schauspieler, eine Marionette, ein Handlanger. Das obgenannte Protokoll von Rüschegg untermauert meine These, indem sie von der guten Betreuung schreibt. Nur Lug und Trug!!!!

2017, Meine Geschichte wird durch das Thema Solidaritätsbeitrag für Verdingkinder in der Schweiz bis ins letzte Detail neu aufgerollt. Meine Haltung war von vornherein klar, dass ich dieses Gesuch nicht stellen werde. Es kam anders, die Aussage am Radio SRF, am Mittag, 22.11.2017, 12:55 Uhr im Rendezvous, hat das Staatssekretariat von meinem Kanton auf den Plan gerufen. Ich wurde von der Geschäftsleitung ins Büro in meiner Stadt eingeladen. Sie hat mich motiviert und mich aufgemuntert, diesen Antrag zu stellen. Ich könne ja das Geld jemandem spenden. Dies war die Aussage für meinen Sinneswandel, nachdem ich mich entschlossen habe, dieses Gesuch zu stellen.

MEIN WEG MIT VIELEN HOCHS UND TIEFS, HEUTE MUSS ICH DAZU SAGEN, MEIN LEBEN WAR EINFACH HARTE ARBEIT, WILLE UND VIEL GLÜCK DAZU, DASS ICH DIE KRAFT HATTE, MIT MEINER FRAU MARGRITH UND DEN FAMILIEN DIES DURCHZUSTEHEN. Viele Chefs, Vorgesetzte, Arbeitskameraden, die mir geholfen haben. Al-

lein hätte ich es einfach nicht geschafft, aber trotzdem und bei allem ein Verdingbub blieb!

Im Jahr 2008 wurde ich im Rest. Rössli, Hasli ob Riggisberg, bei einem Grebt-Essen vom Nachbarn H. S. im Hermiswil gefragt, wer ich sei. Ich habe ihm geantwortet, dass ich Christian Studer heisse und bei Schweizers in Hermiswil im Pflegeplatz war. Seine Antwort: »*Bist Du immer noch so ein Fotzuhund wie damals*«, dies sind genau 50 Jahre, wo wir zusammen mit dem Hundekarren den gleichen Käsereiweg zurückgelegt haben, und er mich wie so oft schikaniert hatte, es war schon als Kind Horror, ihm zu begegnen. *Meine Antwort:* »H. S., jetzt musst du nur schweigen, sonst stelle ich dich hier auf den Stuhl, ohne dass ich dich berühre. Ich sage dir dann, wer du bist!« Mit dem Satz: »Ich werde dich in Hermiswil besuchen, bevor du ins Grab gehst«, danach habe ich die Gaststube verlassen.

Im Jahr 2017 stand ich in Hermiswil bei H. S. in der Küche und habe über den Vorfall im Rest. Rössli, in Hasli ob Riggisberg gesprochen. »Es ist verjährt, alles in bester Ordnung«, sagte die Frau von H. S., und sie zeigten kein Verständnis für meine Unterredung. Da ich ja nicht auf Konfrontation gehen wollte und mich lieber im Frieden von Hermiswil verabschieden wollte, musste ich ja auch nicht auf eine Entschuldigung hoffen oder warten. Mein Motto: *Lieber Frieden und ein gutes Gefühl im Bauch, als mit Krach und Wut diesen Vorfall beenden.* Was mir auf jeden Fall gelungen war, ich habe für mich auch diesen Zwist bereinigt.

Im Jahr 2019 (gehört eben in diese Seiten) hatte ich erneut einen Zwischenfall an einer Beerdigung von einer Schulkameradin. Beim Zusammensein nach der Abdankung wurde ich erneut wie vor 72 Jahren gehänselt. »*Lue, da chunnt ds Tschuggerli vo Bärn, dä wo ä chli i der Stadt umägfahre isch*«, usw. und wurde wie damals belächelt. Für mich immer etwas, das ich unterste Schublade nenne und einfach kein Rezept habe, es abzulegen. Irgendwann kracht es und danach wird gefragt: »*Warum het itze dä Christian so hart reagiert?*« *Das ist auch eine Strategie,* lieber einmal zu viel den Kürzeren ziehen als immer auf das Recht beharren. Bin gut gefahren, weil ich meine innere Wut und Enttäuschung bei einem Zwischenfall nur schwer in Griff bekommen könnte, und dies meiner Familie schaden würde.

Solche Vorkommnisse machen mir noch heute Angst und mit der Angst kommt die Frage, wie kann ich diese beenden, und schon wird es eng um mich, und da braucht es nur ganz wenig, bis ich die Notbremse ziehen könnte. Gefährlich – sehr gefährlich, hier ist der Punkt, wo ich mir helfen lassen muss! Mein Hausarzt hat mich und meine Situation ernst genommen und mich durch sein Handeln vor dem Absturz gerettet; für mich ist er der Lebensretter.

Das sind die Protokolle und meine Meinungen dazu, bis uns die Fürsorgebehörde von Steffisburg der neuen Wohngemeinde meldete. *Alle Sitzungen der Fürsorgekommissionen von Rüschegg und Reichenbach im Kandertal, kommentiert:*

START VOM EINGRIFF DER BEHÖRDEN AB NOVEMBER 1962

Die Zeit im Kiental, ab Frühling 1962 bis zum letzten Schreiben/Protokoll von der Fürsorgekommission, Reichenbach im Kandertal, am 05.12.1964; unser Vater hat sich nie regelkonform verhalten, und darum konnte ihm auch niemand richtig helfen. (Er war wie ein Fisch, kaum zu fangen, sein unüberlegtes Verhalten – und doch wieder ganz genau geplant, sein Handeln war bis zuletzt für mich nie nachvollziehbar.)

Protokoll:
164/51. 08.12.1962
Sitzung, vom 08.12.1962, 13:30 Uhr im Sitzungszimmer in Hirschhorn.
Vorsitz: bekannt, aber nicht genannt.
Teilnehmer: bekannt, aber nicht genannt.
Sekretär: bekannt, aber nicht genannt.
Das Protokoll enthält auf 9 Einlageblätter die Artikel 160 bis und mit 172.
Es wurde an der Sitzung vom 12. Dezember 1962 verlesen und genehmigt.

Fürsorgekommission Rüschegg
Der Präsident: Der Sekretär:

Schreiben 164: Studer Marianne, 56, und Albert, 57, Bärenwartstöck.
In den Bärenwartstöck ist am 09. November 1962 von Steffisburg bzw. von Kienthal herkommend, eingezogen, Familie Albert Studer-Frey, von Zäziwil. Nach einem Bericht der Fürsorgekommission in Steffisburg liegen hier ganz missliche Verhältnisse vor. Frau Studer leidet an epileptischen Anfällen. Die zwei jüngsten Kinder befinden sich in Pflegeplätzen, Marianne, geb. 1956, bei/abgedeckt und Albert, geb. 1957, bei/abgedeckt. Die Fürsorgekommission Steffis-

burg entrichtet bis heute an diese Familien ein monatliches Pflegegeld von Fr. 80.- zahlbar vierteljährlich.
Nach dem neuen Fürsorgegesetz gehen diese Fürsorgefälle mit dem Wohnungswechsel auf die Gemeinde Rüschegg über. Da die Fürsorgekommission in Steffisburg die Pflegegelder bis 31.12.1962 bereits bezahlt hat, beginnt für Rüschegg die Zahlungspflicht am 01. Januar 1963.

MEIN KOMMENTAR: Noch einmal: Die Familie Studer wird in der Gemeinde Rüschegg richtig betreut. Was soll ich dazu sagen, was für die Fürsorge als richtig eingestuft wurde, ist sicher auch der Wahrheit am nächsten. Glauben macht selig und heilt auch nicht, wenn böse Überraschungen nachträglich auftauchen. Keine von diesen Amtspersonen wurde jemals zur Rechenschaft gezogen, was daraus entstehen kann, habe ich in meinen Ausführungen niedergeschrieben und lässt aufhorchen, nur ich versuchte immer, in meiner nächsten Umgebung meine Aufgaben zu vollster Zufriedenheit zu erledigen. *Meine Zukunft lag damals in meiner Willenskraft, diesen Schlamassel zu überwinden und später einmal für mich und meine Familie eine bessere Lebensgrundlage zu schaffen. Die Vormundschaftsbehörde* in Steffisburg hat die Hauptverantwortung? Hier fängt die Aufsichtsmisere an, denn für Albert und für Marianne war Steffisburg zuständig, zudem ist die damalige Fürsorgerin bei der Marianne auch noch Gotte, darum ist auch nicht verwunderlich, wenn die Aufsichtsbehörden alles daran gesetzt haben, beide in den Pflegeplätzen zu behalten. Beim Bruder Albert in Blumenstein und auch bei der Schwester Marianne hat mich das Fernbleiben nie gestört, denn beide Geschwister haben es wirklich viel besser bei den Pflegeeltern als bei unseren Eltern zu Hause gehabt. Wir hungerten ja wieder wie vor dem Jahr 1957, geändert hat sich nur die Tatsache, dass wir bei der Arbeit auf der Alp dem Vater wie Knechte helfen konnten, ohne Perspektive für die Zukunft, unser Vater hat immer so getan, als wolle er für uns nur das Beste. Das ist bei jeder Familie das Ziel, doch unsere Eltern konnten dies nicht schaffen, für dieses Ziel fehlten ihnen auf allen Ebenen die Möglichkeiten, um es zu erreichen.

Der Wohnort im Rüschegg-Graben, eigentlich ein schöner Ort zum Wohnen, nur die Möglichkeiten für den Vater nebst dem Landwirtschaftsbetrieb noch etwas Zusätzliches zu verdienen, war doch sehr eingeschränkt, und es müsste gelebte Verbindungen geben. Vertrauen u. a. m., dies fehlte bei meiner Familie. Mein Vater war in Wirklichkeit ein Eigenbrötler und kein Teammensch, auch viel zu wenig konfliktgewandt. Alle sind gegen ihn und nur ein falsches Wort, schon geht's einem an den Kragen. Beim Suchen einer geeigneten Arbeit steht immer ein Stall mit Tieren im Vordergrund, bei dem es nicht um das Verdienen ging, sondern um sein Hobby.

Hobbys kosten immer und rentieren sich nur selten?

Nach dem Umzug war ich nur wenige Tage bei den Eltern. Für mich war einfach keine Arbeit vorhanden, und mit der Schule habe ich damals ohnehin nichts am Hut gehabt, die Lehrer haben mich seit Jahren nur betreut. Gelernt habe ich kaum etwas, am schlimmsten war es im Kiental, wo wir abgestempelt waren und wie Aussätzige behandelt wurden, alle: Elisabeth, V., Hans Ulrich und ich, eigentlich eine zusätzlich erschwerte Zeit.

WICHTIGE ERGÄNZUNG: Heute ist mir leider bewusst, dass ich mich selbst zum Verdingbuben gemacht habe, indem ich bei Christian Pauli, Landwirt, Rüschegg-Gambach, meine Dienste angeboten habe und sehr hart für die Familien Pauli und den Bruder Walter Pauli gearbeitet habe. Ich wurde aber von allen sehr gut behandelt, dadurch konnte ich mich bei jeder Arbeit voll einbringen. Meine Arbeit wurde geschätzt. (Warum wurde ich damals nicht informiert?)

Heute schreibe ich Mittwoch, 27. Februar 2019, und mir kommt erneut eine innere Wut auf, ich kann einfach für mich nur weinen. Mein Vater zog damals vom Rüschegg-Graben ins Kiental zurück, ohne mich, weil ich mich geweigert habe, drei Mal in einem Jahr die Schule zu wechseln und nur noch ein paar Wochen zur Schule gehen musste. Meine Arbeit bei der Familie Pauli in Rüschegg-Gambach habe ich im November 1962 aufgenommen und war von dieser Zeit an zu Fuss von Rüschegg-Gambach neben den Bärenwartstöck nach Rüschegg-Graben zur Schule gegangen. Jeden Tag vier Mal am Elternwohnort vorbeigesprungen, am Freitag nach der Schule habe ich ab und zu einen Bogen zu ihnen gemacht, später eher seltener. Meine Aufgaben bei der Familie Pauli waren für mich zugeschnitten: mit dem Pferdefuhrwerk hantieren, von Hand Gras mähen, im Stall helfen, in die Käserei gehen, daneben in der Landwirtschaftlichen Genossenschaft Dünger ein- und auslagern, bei Transporten helfen; ich wurde auch bei anderen Bauern ausgelehnt, um bei speziellen Arbeiten zu helfen, mir war es rundum wohl in Rüschegg-Gambach. Die Leute im Rüschegg, übrigens noch heute, haben mich gerne gehabt, und auch mit den Schülern habe ich nie Probleme gehabt wie an den anderen Orten.

Christian und Walter Pauli waren für mich zwei wunderbare Personen mit einem grossen Herz, über was wir alles zusammen gesprochen haben beim Mistverteilen oder auch im Stall. Zwei Männer, denen ich sehr vieles zu verdanken habe. Lebensschule aus erster Hand!

Von dem, was ich damals auf dem Hof erlebt habe, ist heute nur noch wenig übrig, ich habe alle Kinder am ersten Schultag gesehen, wie sie in die Schule gingen, für mich im Inneren sonnige Tage, für sie vergessen.

Alp »Haussener, 1400 m üM.« mit Blick zum Tschingelsee hinunter...

Kam im Frühjahr 1963 in Rüschegg-Graben aus der Schule und habe noch bis Mitte Mai 1963 bei Familie Pauli auf dem Hof gearbeitet. Danach zog ich auf die Alp Faulbrunni ins Kiental zu meinen Eltern, wo ich damals bis Mitte September blieb. Danach konnte ich bei der Fam. Werner Krenger, Landwirt/Säumer, im Kiental als Säumer und Holzer bleiben. Bei Werner Krenger habe ich mit dem Maultier verschiedene Transporte im Kiental, Bundalp, Dündenalp, Kandertal, Engstligental, oder auch am Niesen ausgeführt. Zusätzlich dem Nachbar Eduard Wittwer auf der Alp Faulbrunni zum Vieh geschaut und das Heu verfüttert. Im Winter 1963 konnte ich nach Wengen und war dort beim Metzger Hans Niederhäuser im Schlachthaus und in der Wursterei tätig, daneben waren Hotel- und Privatkundschaft zu beliefern. Fleisch ausladen am Bahnhof Wengen, Schlachtvieh in Lauterbrunnen ausladen und nach Wengen führen zu Fuss.

Meine Wenigkeit mit meinem Vater, auf der Alp Haussener ...

Protokoll:
47/52. 17.04.1963

Sitzung, vom 17. April 1963, 20:15 Uhr im Sitzungszimmer in Hirschhorn.
(Vorverschoben wegen der Hauptversammlung der der Verpf'Anstalt Riggisberg)
Vorsitz: bekannt, aber nicht genannt.
Teilnehmer: bekannt, aber nicht genannt.
Sekretär: bekannt, aber nicht genannt.
Das Protokoll enthält auf 8 Einlageblätter die Artikel 42 bis und mit 52.
Es wurde an der Sitzung vom 17. Mai 1963 verlesen und genehmigt.

Fürsorgekommission Rüschegg
Der Präsident: Der Sekretär:

Studer Christian, 47, Bärenwartstöck
Familie Studer ist am 26. März 1963 wieder weggezogen. Den Knaben Christian, geb. 1947, welcher vor der Konfirmation stand, überliessen sie Familie Pauli in Gambach. Diese Familie orientiert, dass Christian keine Konfirmationskleider besitze auch sonst ganz schlecht mit Kleidern versehen sei. Das Büro wies die Familie Pauli an, für Christian Konfirmationskleider zu besorgen und entsprechende Rechnung zur Bezahlung der Fürsorge Rüschegg zu übermachen.
Die Kommission stimmt diesem Vorgehen zu.
Christian Studer wird Mitte Mai ebenfalls den Eltern nach dem Kiental folgen. Die Fürsorge für Familie Studer ist an die neue Wohnsitzgemeinde zu übertragen.

MEIN KOMMENTAR: Was, ich wurde von meinen Eltern der Familie Pauli, Rüschegg-Gambach überlassen? Da ist wirklich etwas falsch interpretiert worden, ich überlassen? Wer hat sich für die Mithilfe beim Paulis gemeldet? Wer, noch einmal ganz bestimmt WER?

Selbstständig und mit eigener Verantwortung und ohne Hilfe von Behörden und Beiständen, wuchs ich seit dem 14. August 1957 auf und oft allein, niemand kümmerte es einen Dreck, wie mit mir umgegangen wurde. Zuletzt, wo ich mich freiwillig für die Unterstützung wegen einem Ausfall (Unfall) von einem Welschland Buben bei Familie Pauli eingesprungen war, wurde ich zum Dank zu einem Verdingbuben degradiert!

Sachverhalt: Konfirmationskleider? Christian Pauli fragte mich, ob ich für meine *Konf* neue Kleider bekomme. Ich habe meine Sonntagskleider, und diese genügen für mich, war meine Antwort. Bei mir käme ohnehin niemand an diesem Anlass, ein normaler Kirchensonntag und nichts Spezielles. Auch für Paulis war dieser Sonntag ein ganz normaler Sonntag, ich bekam das Mittagessen wie jeden Sonntag. Das hat die Nachbarin Frau Margrit Hostettler gesehen, dass ich allein in der Kirche Rüschegg war, und niemand mit mir zurück nach Gambach unterwegs war. Vor dem Mittagessen hat sie mir gerufen: »Christian, bist du allein?« »Ja, ich ziehe mich nach dem Mittagessen um und habe freier Nachmittag.« »Kommst 15:30 Uhr zu uns hinauf, du bekommst von uns noch ein Dessert und einen Kaffee«; das vergesse ich dieser Familie ganz sicher nie! Warum musste die Familie Pauli die Vormundschaftsbehörde ansprechen und diese fragen, ob sie mir Konfirmationskleider bezahlen würde, ich habe doch keinen Anspruch auf solche Kleider angemeldet und wenn, hätte ich diese aus meinem Sack bezahlen müssen. Bekam für meine Arbeit in Gambach gut zu essen und dazu ein Sackgeld. Für mich ist das Ganze im Nachhinein eine Schande, ich wollte doch niemandem zur Last fallen, darum nenne ich es ein himmeltrauriges Verhalten, von wem, überlasse ich einfach dem Leser. Nur etwas zum Klarstellen, die Zeit im Rüschegg war für mich einfach insgesamt toll.

Protokoll:
53. 21.06.1963
Sitzung, vom 21.06.1963, 20:15 Uhr im Sitzungszimmer in Hirschhorn.
Vorsitz: bekannt, aber nicht genannt.
Teilnehmer: bekannt, aber nicht genannt.
Sekretär: bekannt, aber nicht genannt.
Das Protokoll enthält auf 9 Einlageblätter die Artikel 61 bis und mit 69.
Es wurde an der Sitzung vom 26. Juli 1963 verlesen und genehmigt.

Fürsorgekommission Rüschegg
Der Präsident: Der Sekretär:

Studer-Frei Albert, 08, Bärenwartstöck
Die Fürsorgekommission Reichenbach im Kiental (im Kandertal) bestätigt mit Schreiben vom 05. Juni 1963 die Übernahme der Betreuung von Familie Studer

MEIN KOMMENTAR: Die erneute Rückkehr ins Kiental wurde für unsere Familie doch um Einiges schwieriger. Den Umzug habe ich nicht mitbekommen, nach Aussage von meinen Geschwister Elisabeth, V. und Hansueli, war es Chaos pur, denn der Zügelwagen (Lkw) konnte nur bis zur Alp Loosplatten und nicht bis zur Sennhütte im Faulbrunni fahren. Danach haben Werner Aellig und Werner Krenger mit dem Maultier und dem Schlitten die Zügelware unter mehreren Transporten bis spät in die Nacht zur Sennhütte transportiert. Ein Kraftakt sondergleichen.

Protokoll:
22/54. 21.02.1964
Sitzung, vom 21. Februar 1964, 20:15 Uhr im Sitzungszimmer in Hirschhorn.
Vorsitz: bekannt, aber nicht genannt.
Teilnehmer: bekannt, aber nicht genannt.
Sekretär: bekannt, aber nicht genannt.
Das Protokoll enthält auf 8 Einlageblätter die Artikel 17 bis und mit 28.
Es wurde an der Sitzung vom 18. März 1964 verlesen und genehmigt.

Fürsorgekommission Rüschegg
er Präsident: Der Sekretär:

Studer Albert, 08, wohnhaft gew. In den Bärenwartstöck
Familie Studer hat in den Monaten Februar/März 1963, d. h. bis zu ihrem Wegzug ins Kiental, bei Arnold Pulfer, Handlung, Rüschegg-Graben, Waren auf Kredit bezogen. Trotz

den abgegebenen Versprechungen blieb er die Ware bis heute schuldig. Die Schuld beziffert sich:

• für die Warenbezüge pro Februar 1963 auf	Fr. 112.45
• für die Warenbezüge pro März 1963 auf	Fr. 187.85
oder auf Total	Fr. 300.30

Die Kommission ist sich einig, dass Studer diese Schulden nicht abtragen kann. Da es sich um Lebensmittel, d. h. um Bedarfswaren handelt, beschliesset die Kommission, die Rechnung zu Lasten der Fürsorge Rüschegg zur Bezahlung zu übernehmen.

MEIN KOMMENTAR: Bin erneut tief enttäuscht von meinen Eltern, dass ich dieses Protokoll überhaupt in dieser Form und noch mit Schulden von Rüschegg bekam. Versuchte immer, nachdem ich verdient habe, daheim finanziell zu helfen. Fuhr heim zu den Eltern und nahm Esswaren mit. Aber vielleicht muss ich dies einfach so hinnehmen und vergessen. Schäme mich aufs Tiefste, bin heute noch traurig für diese Machenschaften. Bringt mich fast um!

Im Frühling 1964 war ich wieder von Mitte Februar bis Mitte April zu Familie Pauli, Rüschegg-Gambach, um den Mist zu führen und die Arbeiten auf dem Feld in Schwung zu bringen oder dem Bruder Walter Pauli wegen Militärdienst die Landwirtschaftliche Genossenschaft zu führen. Arbeit habe ich immer gehabt und auch meine Einstellung zur Arbeit war super. Konnte in diesem Jahr noch einen 14-tägigen Holzerkurs in Lyss, mit dem Förster Lüthi, von Wimmis besuchen. Danach ging's wieder auf die Alp Faulbrunni im Kiental zu den Eltern und Geschwistern, für die Mithilfe beim Vater.

Gemeinde Reichenbach im Kandertal:
Protokoll:
47/55. 21.02.1964
Sitzung der Fürsorgekommission Reichenbach Freitag, den 28. Februar 1964, um 20:15 Uhr im alten Schulhaus in Reichenbach.
Präsident: bekannt, aber nicht genannt.
Sekretär: bekannt, aber nicht genannt.
Kassier: bekannt, aber nicht genannt.
Teilnehmer: bekannt, aber nicht genannt.
Verhandlungen:
Das Protokoll der letzten Sitzung wird verlesen und genehmigt.

Familie Studer-Frey, Faulbrunni, Kiental.
Vom Schreiben der Burgerbäuert Faulensee, vom 20. Februar 1964 Kenntnis gegeben, wonach Studer lediglich als Gustihirt für die Alp Zeit zu Fr. 3500.- Bar Lohn und 5 Kühen, Freiberg entlöhnt wird. Diesen Winter wurde Studer auch noch die Alp-Hütte als Unterkunft gratis zur Verfügung gestellt und das nötige Brennholz konnte er sich aus Vorräten der Burgerbäuert beschaffen. Studer wird im Winter durch den Burgvogt für kleinere Arbeiten wie Schwenten, ausführen von kleineren Reparaturen im Taglohn angestellt, doch ist nicht klar wieviel Studer für dies Arbeit erhalten wird.
Die Gemeindeschwester teilt noch mit, dass man für die Familie noch 4 Leintücher angeschafft werden sollen. Im Weiteren teilt die Schwester noch mit, dass Hansueli Studer, am 10. März 1964 in die Anstalt Tschugg versetzt werde.

MEIN KOMMENTAR: Leider hatte ich damals keinen Kontakt mit den Eltern, ich war erst Mitte Mai 1964 auf die Alp Faulbrunni zurückgegangen. Aber wenn ich heute das obgenannte Protokoll lese wird es mir schwarz vor den Augen. Mein Lohn spielt da überhaupt keine Rolle. Ich musste einfach dem Vater helfen im Sommer und wurde von ihm angelogen. Wenn ich gewusst hätte, was für ein Lohn bezahlt wurde, lieber Vater, das hätte bereits damals ins Auge gehen können. Uns wurde immer von einem Lohn um die Fr. 6000.– gesprochen. Was hier protokolliert vorgelegt und ausgewiesen wurde, ist eine Schande für die Burger Bäuert Faulensee, ich nenne keinen Namen. Aber das ist wirklich unter den Hunden – Vaters Lohn = Haupteinnahme. Fr. 3500.– für 100 Tage Arbeit. Das ist doch zu viel? – Mein Lohn = Fr. 1000.– für 100 Tage Arbeit Fr. 10.– im Tag, das ist doch viel zu viel? Was ein Sohn wert ist, der dem Vater hilft zum Überleben.

Ja, meine Eltern konnten gratis wohnen auf der Alp Faulbrunni, denn dieses Haus war damals noch nicht am Wasser-, Strom- und Telefon-Netz angeschlossen gewesen. War nach der Alpzeit direkt nach Wynigen und bei Fritz Burkhalter, Landwirt, als Traktorführer und Holzer angestellt gewesen. Das Arbeiten im Einmannbetrieb war für mich damals kein Problem, war oft allein, aber nach heutigem Standard wäre es grob fahrlässiges Handeln und verboten, ob im Wald oder auf dem Feld.

Protokoll:
25/56. 05.12.1964
Gemeinderat Reichenbach:
Keine Angaben zur Zusammensetzung der Teilnehmer an dieser Sitzung.
Die Familie Albert Studer, Faulbrunni, Kiental, besorgt während des Sommers die Hirtschaft der Burgergemeinde Faulensee. Diese Arbeitgeberin findet es nicht für nötig, dafür zu sorgen, dass die Familie auch in der übrigen Zeit Arbeit und Verdienst hat. Am guten Willen fehlt es Vater Studer nicht, aber vom Faulbrunni aus sind die Möglichkeiten hierzu sehr begrenzt. Auch die Wohnverhältnisse sind im strengen Winter unhaltbar. Die Fürsorgekommission in dieser Angelegenheit bereits erfolglos interveniert. Es kann der Öffentlichkeit nicht zugemutet werden, dass sie die Familie während des Winterhalbjahres einfach erhalten muss. Die Aufwendungen für die Familie belaufen sich pro 1964 bisher auf Fr. 6628.60. Die Fürsorgekommission wird nun der Burgergemeinde Faulensee nochmals mit aller Bestimmtheit erklären, dass sie dem Sohn Christian eine Berufslehre ermöglichen und dem Vater Studer helfen wird, eine andere Stelle zu suchen, wo er auch im Winterhalbjahr Arbeit- und Verdienstmöglichkeiten hat, wenn die Arbeitgeberin nicht unverzüglich und wirksam hilft, diesen Missstand zu beheben.
Die Fürsorgekommission wird in diesem Bestreben vom Gemeinderat unterstützt. (2/0)
Protokollauszug an:
Fürsorgekommission Reichenbach
Jugendanwaltschaft Spiez
Kant. Fürsorgedirektion Bern

MEIN KOMMENTAR: Diese Behörde ist oben nicht namentlich aufgeführt und ist für mein Empfinden noch heute ein Schreckgespenst. Warum: Unser Nachbar W. M., Kiental, war ein Mitglied in der Vormundschaftsbehörde Reichenbach im Kandertal. *Super,* das habe ich nicht gewusst – jetzt verstehe ich, warum hinter der Hand oft über uns gelacht und ganz bewusst gezeigt wurde, was sie von uns hielten. *Was die Leute im Kiental alles über unsere Familie wussten?* Ja, sogar in den Gaststuben wussten die Leute über unsere Familie mehr als es nötig gewesen wäre, ich war bereits damals erstaunt gewesen, was sie alles gewusst haben. Klar, in der damaligen Zusammensetzung der Fürsorgekommission war halt alles möglich …

Zum Schluss

Es ist nicht immer einfach, sich dem Wechselbad der Gefühle zu stellen, werde oft im Alltag in meine Jugendzeit versetzt und muss feststellen, dass es heute unseren Kindern viel besser geht. Aber dass es leider nicht bei jedem Jugendlichen so ist und für sie ganz und gar nicht einfacher sein wird. Bei allen Schwierigkeiten wurde mir das Arbeiten für den Lebensunterhalt vorgelebt, und ich wurde zum Arbeitstier erzogen. Was notwendig ist, um zu Leben – denn ohne Arbeit kein Lohn, demzufolge auch kein Essen.

Heute wohne ich mit meiner lieben Frau Margrith in der schönen Stadt Bern und fühle mich wohl im Wankdorf.

Quellenangaben

schriftlich:

Kantonales Staatsarchiv, Falkenplatz 4, 3012 Bern, hat mir folgende Unterlagen überlassen:

Protokolle, vom Sozialdienst der Gemeinde 3612 Steffisburg

Protokolle, vom Sozialdienst der Gemeinde 3713 Reichenbach im Kandertal

Protokolle, vom Sozialdienst der Gemeinde 3153 Rüschegg

mündlich:

Meine Geschwister, die alle namentlich genannt werden dürfen.

Foto

101.2 und 101.4 Portrait, von *Renate Schär*

FB101.6 und 101.6 Portrait auf der Allmend, von *Adrian Moser*

Bern, im Juli 2019

Danksagung

Möchte mich bei meinen Unterstützern ganz herzlich bedanken.

Barbara Studer
Margrith Studer
Irene Studer
Lea Studer
Jean-Pierre Perternier
Romy Peternier
Eve Stockhammer
Erika Raemy
Silvia Riesen
Thomas Riesen
Dora Schweizer
Werner Neuhaus
Hansjürg Ernst

Ganz ein spezieller Dank an Rodja Smolny, dass er mir geholfen hat, dieses Buch zu verwirklichen!

Nach der Rückkehr aus dem Pflegeplatz 1962 wuchs ich bei den Eltern auf, ohne Perspektiven. Im Herbst 1967 verliess ich die Eltern in Courtelary BE. Mit meinen Vorgaben damals war dies gar nicht so einfach, der Wille es besser zu machen, war ungebrochen und sehr stark in mir vorhanden.

Was hat die Fürsorgebehörden bewogen, einzuschreiten:
Warum wurde ich verdingt?

Es sind Originalprotokolle über unsere Familie und zeigen das:
Verhalten und die Gründe, verdingt zu werden.

Anschliessend ist meine Meinung, wie wurde ich bei den Pflegefamilien aufgenommen, und was war damals schief gegangen:
Welche Behandlung war richtig oder eher daneben?

Bern 13.01.2020 cst.